Mártires del 12 de octubre de 1960
La Campana. Escambray. Las Villas

PORFIRIO REMBERTO RAMIREZ RUIZ
PLINIO PRIETO RUIZ
SINESIO WALSH RIOS
JOSE A. PALOMINO COLON
ANGEL RODRIGUEZ DEL SOL

Título original:
Mártires del 12 de octubre DE 1960
La Campana. Escambray. Las Villas

Copyright 2007.
Instituto de la Memoria Histórica Cubana contra el Totalitarismo

ISBN: 978-1508462866

Ediciones Memorias
Miami, E.U.A.

Impreso en Miami:
Talleres de Rodes Printing

Editado:
Instituto de la Memoria Histórica Cubana
Contra el Totalitarismo (IMHICT)

Cubierta:
La Piedad en el Escambray de Giovany

Reconocimientos

Los trabajos que emprende el Instituto de la Memoria Histórica Cubana contra el Totalitarismo son el resultado del esfuerzo de muchas personas, sin esa concertación de voluntades y dedicación no sería posible la culminación de este trabajo y de los que ya hemos podido hacer llegar a Uds.

En esta ocasión es necesario hacerle un especial reconocimiento a Enrique Ruano. Sin su constancia, dedicación y esfuerzo por encontrar testigos de la época y la información necesaria no hubiera sido posible concluir este modesto trabajo que solo pretende rendirle tributo a cinco héroes de nuestra historia contemporánea.

A Idolidia Darias deseo expresarle mi más profunda gratitud. Sus conocimientos fueron muy útiles para la elaboración de este breve recuento histórico. El hecho de haber nacido bajo el régimen totalitario no le impidió tener luces propias y asumir la responsabilidad, dentro de Cuba, de rendirle tributo a los Mártires del 12 de octubre de 1960.

También es de gran satisfacción reconocer el apoyo de otros dos jóvenes que con la filmación del documental "Porfirio", facilitaron la elaboración de este pequeño libro: Daniel Urdanivia y Martha M. Reinoso Santana.

Muchas gracias a todos ellos y a los que con su sacrificio en la isla y en el extranjero continúan luchando por sus principios sin que importe el tiempo ni los cómplices de la dictadura.

El Autor.

Con frecuencia la historia publicada olvida destacar la trascendencia de hechos y personas cuyas improntas han cambiado su rumbo.

Son casos en que se impone rectificar esas omisiones para hacer justicia histórica en favor de las futuras generaciones que habrán de apoyarse en el pasado para intentar sus proyectos de futuro. Tratándose de Cuba, bajo la actual tiranía totalitaria, esa labor de rescatar la verdad de lo ocurrido durante el lapso en que ella ha dominado se hace particularmente más difícil. Porque de manera minuciosa (totalitaria) la tiranía lo ha manipulado todo a su antojo y ha invertido su capital económico y político en tergiversar la historia en su provecho, logrando que su falsa versión de la verdad haya sido aceptada y repetida como cierta dentro de Cuba y en nuestro mundo contemporáneo.

Es por ello que considero tan valioso este esfuerzo del Instituto de la Memoria Histórica Cubana contra El Totalitarismo para esclarecer la verdadera personalidad y dimensión que en nuestra historia patria debe reconocerse a Porfirio "El Negro" Ramírez.

Tuve el privilegio de conocerlo y compartir con él ideales e inquietudes en momentos que marcaron el rumbo de Cuba y de mi vida.

Porfirio merece ser recordado, venerado y seguido por las actuales y futuras generaciones de cubanos cómo fue y actuó realmente. Alguien que hizo de la sencillez y la amistad un código de vida inviolable y que prefirió abandonar todos los honores y reconocimientos en favor de un ideal patriótico de democracia que había sido traicionado, encarando todas las consecuencias.

Aquel 12 de octubre de 1960 el oprobioso estruendo de las armas que inútilmente trataron de borrarlo de nuestra historia junto a sus compañeros en el martirio no pudo apagar el clamor de las campanas que esa noche ellos desataron para conmover la conciencia nacional.

Esta publicación pretende hacer justicia histórica a aquel campanazo que todavía debe sacudir las conciencias de todos los cubanos y del mundo.

Roberto Jiménez

Introducción

La historia de nuestra nación es la suma de millones de historias individuales. Ellas conforman la sustancia de la historia nacional. Nuestra historia de los últimos cincuenta años se nos pierde día a día. Leamos los obituarios de los periódicos locales, ellos nos informan de esas historias perdidas. Con sus autores se pierden las memorias de los hechos.

Esta dura realidad nos llevó un día a crear el Instituto de la Memoria Histórica Cubana contra el Totalitarismo, que durante años se ha impuesto la tarea de salvar todas esas vivencias personales. Un pueblo sin memoria histórica difícilmente podrá encaminarse hacia el futuro. Un pueblo sin memoria historia no podrá evitar caer en los mismos errores del pasado.

Es una tarea mucho más importante de lo que quizás nos imaginamos cuando comenzamos. Es por eso que el Instituto ha mantenido desde el comienzo estrictas normas en referencia a la información procesada. Es una tarea delicada y difícil. Con el tiempo las vivencias se desdibujan, se oscurecen, se alteran inconscientemente. Es labor del entrevistador ayudar al entrevistado, apoyarle en la búsqueda del hecho preciso, de la palabra que se dijo y la que se dejó de decir.

Esta ha sido nuestra tarea en estos años. Los frutos están ahí, configuran un trabajo hecho humildemente, sin pretensiones, con un alto espíritu patriótico. Este nuevo esfuerzo es un eslabón más en una cadena de realizaciones.

En este trabajo presentamos el perfil de un patriota, pero al mismo tiempo, como resultado natural, encontramos el perfil de un país, de una sociedad, de un momento histórico, en fin, el perfil de nuestro pueblo en un momento en que nuestro devenir como nación cambió para mal.

Nuestro compromiso sigue presente y seguirá cumpliéndose con otros futuros trabajos que nos hemos impuestos y que esperamos sean asistido con la colaboración de todos ustedes. Estamos seguros que un día el Instituto de la Memoria Histórica Cubana contra el Totalitarismo podrá realizar su trabajo en su espacio natural, en el propio escenario de los acontecimientos: Cuba.

Héctor Caraballo

Director del Instituto de la Memoria Histórica Cubana contra el Totalitarismo.

Porfirio "El Negro" Ramírez

El Negro

Porfirio Remberto Ramírez, nació en Antón Díaz, un poblado situado a mitad de camino entre Santa Clara y La Esperanza, provincia de Las Villas, el 3 de marzo de 1933.

Los padres de Porfirio eran propietarios de dos pequeñas fincas rurales dedicadas principalmente a la ganadería. La mayor de estas fincas, poco de más de 8 caballerías de tierra, se llamaba San José, escenario de muchos de las decisiones más importantes de nuestro biografiado.

Cuenta Rodolfo "El Niño" Ramírez, el menor de tres hermanos y el único con vida, que Porfirio era un hombre alegre, afable y cordial pero muy serio en sus cosas y agrega que otro aspecto de su carácter era la discreción porque lo que conversaba con una persona era muy difícil que lo tratara con otra. Señala que compartía los estudios con el trabajo en el campo, que era fuerte para las labores agrícolas pero que tenía muchos deseos de superarse en la vida.

Refiere Ramírez que la familia era muy unida y que los tres hermanos ante la muerte del progenitor asumieron el control de las fincas con éxito y que pudieron encaminarse en la vida sin mayores dificultades.

Porfirio Ramírez estudió en una escuela primaria de La Esperanza, más tarde en una Escuela Superior de Santa Clara, hasta ingresar en la Academia Bonachea para luego cursar estudios en la Escuela de Comercio donde llegó a ejercer como profesor, hasta que se inscribió en la carrera de Ciencias Comerciales de la Universidad de Marta Abreu.[1]

Roberto González que nació y se crió en Antón Díaz siente un

---

[1] *La Universidad fue creada por una Ley del Congreso de la República el 22 de noviembre de 1949, iniciando sus actividades el 30 de noviembre de 1952. Esta situada entre los kilómetros 7 y 8 de la Carretera que comunica las ciudades de Santa Clara y Camajuaní, en la Provincia Villa Clara, en la parte central de Cuba.*

profundo amor y respeto por la familia Ramírez, pero en particular por su amigo de la infancia Porfirio, a quien profesaba una gran admiración. Cuenta que Porfirio era su amigo, pero también de su familia, que su madre le atendía como si fuese su hijo porque siempre se hizo querer y respetar por quienes le conocían.

Gilberto Roche Vega, también natural de Antón Díaz y amigo de la infancia de Porfirio lo recuerda con mucho afecto y cariño. Las fincas de sus respectivos padres colindaban pero también cursaron juntos los primeros años de estudios. Dice que el apodo del "Negro" fue algo espontáneo, que ignora quien se lo puso pero que a Porfirio no le molestaba para nada porque como era un hombre alegre y que compartía con sus amigos todo lo encontraba bien.

Destaca que Porfirio era un excelente jugador de pelota y que se desempeñaba a las mil maravillas en el campo central y que a sus habilidades como fildeador se sumaba la de ser un recio bateador. Cuenta que cuando Porfirio, maduró como pelotero, le ofrecieron la oportunidad de jugar en la liga profesional cubana pero que nunca aceptó porque quería estudiar en la Universidad y graduarse con una profesión.

Carlos Marcelo, también creció junto al "Negro", como lo recuerda cariñosamente. Coincide con Rodolfo y Roche Vega en que su amigo era alegre y compartía con todos, pero a la vez desde muy joven se le apreciaba mucha madurez, agrega que le caracterizaba la bondad y el deseo de ayudar a los más necesitados. Otros factores del carácter de Porfirio según Marcelo era su moderación, su capacidad para reflexionar y mediar en los problemas sin recurrir a los extremos salvo cuando se convencía de que no había otra alternativa.

Cuenta que Porfirio rechazaba fuertemente las injusticias que había en el país y estaba a favor de buscar soluciones a las mismas sin que se afectara la institucionalidad y que fue por eso que se opuso al golpe de Estado que protagonizó el general Fulgencio Batista.[2]

---

[2] *Fulgencio Batista, siendo sargento fue uno de los protagonistas del golpe militar del 4 de septiembre de 1933. Ostentó el grado de general del ejército de la República y de 1940 a 1944 fue presidente constitucional.*

El 10 de marzo de 1952[3] el general Batista dirigió un golpe militar contra el gobierno constitucional de Carlos Prío Socarrás. Esta acción tuvo lugar a menos de tres meses de las elecciones presidenciales en las que el propio general golpista era candidato. El cuartelazo conmueve a un amplio sector de la ciudadanía, en particular a los estudiantes universitarios de la capital que se pronuncian públicamente y ofrecen su respaldo al mandatario depuesto.

En Las Villas, Porfirio es uno de los primeros en rechazar el golpe.

Clara Delgado, afirma que decir que recuerda a Porfirio sería mentira porque ella lo está esperando todavía. Confiesa que regresar al pasado le es muy duro pero que el hombre que ella ama, merece eso y mucho más.

Clara era una joven estudiante en la ciudad de Santa Clara y supo de Porfirio Ramírez por una fotografía. Dice que la imagen le atraía tanto que cada vez que pasaba por la vidriera del estudio fotográfico donde la mostraban, se quedaba mirándola por unos minutos. Recuerda que ella estaba haciendo un examen de ingreso para la Escuela de Comercio de Santa Clara cuando se dio cuenta que el hombre de la fotografía estaba conversando con unos profesores.

Dice que se olvidó del examen y de todo los demás, que partió para donde estaba Porfirio y le dijo aquí tiene mi examen, el que este firmó con una pluma que le había regalado su madre el día de su graduación. No lo vio más hasta febrero del año 1959, en el gobierno provincial de Santa Clara.

Pedro Pérez Cruz, conoció a Porfirio en la Escuela de Comercio por el año 1955. Estudiaron en el viejo edificio que albergaba la escuela y más tarde, aunque en cursos diferentes, compartieron en la nueva construcción que se levantó en una zona conocida como la Vorangel. Dice que no eran amigos, pero que se apreciaba que era un estudiante discreto y talentoso, al extremo que sin terminar sus estudios en la Universidad formó parte del claustro de profesores de

---

[3] *El 10 de de marzo de 1952 se produjo el golpe militar que lideró Fulgencio Batista contra el presidente Carlos Prío. Las elecciones presidenciales iban a celebrarse el 1ro de junio de 1952. Entre los postulados a la Presidencia estaban el ingeniero Carlos Hevia, candidato del Partido Revolucionario Cubano (Auténtico) y el propio general Batista.*

la escuela.

Paulino Fernández ingresó a la Facultad de Ciencias Comerciales de la Universidad Marta Abreu en Santa Clara en 1956. Ese año Porfirio cursaba el tercer año de la misma profesión. Lo recuerda como un líder natural, un hombre que llamaba la atención sin proponérselo y que tenía el respeto de todos sus compañeros y profesores. Señala que en esa época en la Universidad no existía ningún tipo de organización estudiantil y que se dieron a la tarea de organizarla, función en la que Ramírez cumplió un importante rol, pero que ese mismo año 1956 el alto centro de estudios fue cerrado como consecuencia de la difícil situación política que atravesaba el país y que sólo se reiniciaron los estudios en 1959, después del triunfo revolucionario.

Refiere Roche Vega que aunque no participó en la lucha contra el gobierno de Batista sí conocía del descontento de Porfirio por las cosas que pasaban en Cuba y que no le sorprendió cuando su amigo decidió alzarse por primera vez en el Escambray[4], donde hacía más de un año operaban grupos guerrilleros que no tenían vínculos con Fidel Castro o el Movimiento 26 de julio. El estudiante de la Universidad y profesor de la Escuela de Comercio de Santa Clara, era militante de la Organización Auténtica[5], pero se incorporó a las guerrillas del Segundo Frente Nacional del Escambray[6] que comandaba Eloy Gutiérrez Menoyo.

Recuerda Marcelo que una tarde la madre de Porfirio, la señora Estelita "Tila" Ruiz, lo manda a buscar y le pide de favor que vaya a las cercanías de la ciudad de Manicaragua donde estaba alzado su hijo y que le pida en su nombre que regrese para la ciudad, que la familia tiene medios para sacarlo del país y que no deje de hacerlo

---

[4] *El Escambray o Macizo de Guamuhya es un sistema montañoso situado en las provincias de Sancti Spíritus, Villa Clara y Cienfuegos, en la zona central de Cuba. Su punto más alto es el Pico Potrerillo que alcanza 931 metros sobre el nivel del mar. A sus pies se encuentra la ciudad de Trinidad. Es el tercer sistema montañoso en importancia de la isla de Cuba, después de la Sierra Maestra y el sistema montañoso de Guaniguanico.*
[5] *Un organismo dependiente del Partido Auténtico, que se constituyó en los años 30.*
[6] *El Segundo Frente Nacional del Escambray fue un grupo guerrillero creado a mediado de 1958 para luchar contra la dictadura de Fulgencio Batista. Entre sus fundadores estaban los comandantes Eloy Gutiérrez Menoyo, Lázaro Asencio, Armando Fleites, William Morgan y Jesús Carrera. Estos dos últimos fueron ejecutados en La Cabaña el 11 de marzo de 1961.*

porque lo van a matar y que el gobierno iba a enviar a una gran cantidad de soldados para acabar con los insurgentes.

Dice que se subió a una moto que tenía en aquellos años y en compañía de Rodolfo Ramírez salieron a la encomienda. Que encontraron a Porfirio junto a otros rebeldes y que sin perder tiempo le dio el mensaje de la madre a lo que "El Negro" le contestó: "Marcelo, tú eres mi hermano, pero ya yo estoy metido en esto y de esto salgo muerto o vivo, adoro a mi madre pero dile que no puedo, tengo que seguir luchando por la libertad de Cuba, por el respeto entre todos nosotros".

Porfirio, que ya tenía el grado de capitán, participó en uno de los enfrentamientos bélicos más importantes de la lucha insurreccional contra el régimen militar que fue la denominada toma de Santa Clara[7]. La ofensiva para ocupar esta ciudad fue en gran medida dirigida por el Movimiento 26 de Julio[8], pero otras fuerzas insurgentes como el Segundo Frente Nacional del Escambray participaron en la lucha.

---

[7] *Santa Clara es la capital de la provincia de Villa Clara, antes de 1976, provincia de Las Villas. Lugar donde se desarrolló el enfrentamiento bélico definitivo entre las fuerzas revolucionarias y las del régimen de Fulgencio Batista.*

[8] *El Movimiento 26 de Julio (M-26-J) una organización política y militar creada en 1953 por Fidel Castro con el fin de derrocar al dictador Fulgencio Batista y que decía tener una ideología nacionalista, antiimperialista y democrática fundada en las ideas de José Martí. Fue la organización más importante entre las que participaron de la Revolución cubana. A fines de 1956 estableció una base guerrillera en Sierra Maestra. En julio de 1961 fue uno de los partidos que integraron las Organizaciones Revolucionarias Integradas (ORI), junto con el Partido Socialista Popular y el Directorio Revolucionario 13 de Marzo que a su vez se disuelve el 26 de marzo de 1962 para formar el Partido Unido de la Revolución Socialista de Cuba (PURSC), de ideología comunista.*

Plinio Prieto fue maestro de escuela y jefe guerrillero. Se fue de Cuba clandestinamente y regresó para vertebrar los suministros y los alzamientos del Escambray. Fue fusilado en La Campana el 13 de octubre de 1960.

La Conspiración

No cabe duda que el primero de enero de 1959 y los meses siguientes, fueron días luminosos para la mayoría del pueblo cubano. Es difícil, imaginar otro día en nuestra historia, si exceptuamos el 20 de mayo de 1902[9], en que la alegría y la esperanza se fundieron hasta integrarse.

La inmensa mayoría ciudadana se sumó a la Revolución. La gente creía en los barbudos y miraba a sus líderes como si fueran dioses en continua explosión de bondad, simpatía y comprensión. Todos veían una sola Cuba y un país conducido por un hombre capaz de dar la vida por el más humilde de los ciudadanos.

La población relativamente educada y consciente de sus derechos deseaba que en el país se estableciera una sociedad que velara por una mayor justicia y equidad social. Había fe y confianza en el futuro y la población en general y en particular los que habían participado en el proceso insurreccional estaban dispuestos a hacer los esfuerzos que fuesen necesarios para hacer realidad todas las promesas.

Clara Delgado, militante del movimiento 26 de Julio, que había conspirado en Santa Clara, colaboró posteriormente con los comandantes Camilo Cienfuegos y Félix Torres cuando estos acamparon con sus fuerzas en el norte de Las Villas. Recuerda que en una ocasión le facilitó a Torres unos planos sobre la planta eléctrica del lugar y también consiguió dinero con gente de la zona para ayudar a los rebeldes, lo que le permitió ganarse la confianza de ambos jefes.

Al triunfo de la Revolución partió para Matanzas con las huestes que dirigía el comandante William Gálvez. Allí trabajó por varios días esperando ir para La Habana pero al final decidió regresar a Santa Clara, para viajar hasta la casa de sus padres en Iguará, pero

---

[9] *Cuba accede a la Independencia después de haber sostenido una cruenta guerra contra España y al concluir la ocupación de territorio cubano por fuerzas estadounidenses, como consecuencia de la denominada Guerra Hispano Cubana Americana.*

todo este plan fue alterado por su encuentro casual con Porfirio.

Apunta que estaba en el parque Vidal cuando escuchó que decían su nombre y al mirar vio a Luciano Fariñas, (el piloto que ocho meses más tarde desaparecía en vuelo junto a Camilo Cienfuegos). A instancias de Fariñas y en su compañía, fue a ver al gobernador de la provincia el doctor Rodríguez de la Vega, que era amigo del piloto.

Se encontraba en el despacho del gobernador cuando tocaron a la puerta, pidieron permiso y entró Porfirio, que a la sazón aspiraba a la posición de Contador de la sede gubernamental, con unos documentos que tenía que revisar el alto funcionario. Apunta que a partir de ese momento todo cambió. Se quedó mirándolo con tanta atención que Porfirio y los demás se percataron de la situación. Recuerda que sus primeras palabras fueron recordarle a Porfirio que la había suspendido en un examen. Intercambiaron algunas palabras hasta que decidieron ir a la escuela de Comercio para dilucidar la situación. Señala que lo que más sorprendió a todos, incluyendo a Porfirio, fue que le recordó que había firmado su prueba con la pluma que tenía en el bolsillo.

Señala que Porfirio, que ignoraba quien era ella, con la rectitud que le caracterizaba, se dirigió al gobernador y le pidió autorización para acompañarla hasta los archivos de la escuela. En cuanto el joven salió de la habitación se dirigió al gobernador y le dijo "no me voy para La Habana, me quedo aquí a trabajar y le tienes que dar el puesto de contador a Porfirio". Le pidió a Rodríguez de la Vega que se comunicara con Camilo Cienfuegos y le informara de lo que ella solicitaba. Apunta que a los pocos minutos el Comandante contestó la llamada del gobernador y le pidió que la pusiera a trabajar en su despacho y bajo su autoridad.

Terminada la reunión se encontró con Porfirio. Fueron hasta la Escuela de Comercio, entraron al archivo y vio que su expediente estaba en blanco, solo con el dictado que había hecho y una foto suya. Estaba la firma de Porfirio pero también este le demostró que en ese momento, todavía no era profesor de ese centro de estudio.

Dice Clara Delgado que Porfirio era un hombre muy serio y de una personalidad muy fuerte, agrega que nunca le vio vestido de militar ni armado, porque era un civilista que solo creía en la superación por medio del estudio y el trabajo. Señala que durante el tiempo que trabajaron juntos en el gobierno provincial y después como pareja, apreció que era un hombre muy compasivo, ayudaba a las personas en desgracia y que en más de una ocasión auxilió a individuos del régimen anterior que estaban siendo procesados o iban a serlo.

Carlos Marcelo cuenta que a su amigo le ofrecieron el puesto de jefe de la Policía de Santa Clara pero que rechazó la propuesta planteando que había cumplido con su deber en el aspecto militar y que seguiría trabajando a favor del proceso, pero que prefería hacerlo desde una posición civil.

Aunque era capitán se vestía muy pocas veces de militar. Cuentan sus amigos que le agradaba vestir de civil y que a los pocos días del triunfo revolucionario lo designaron interventor de la sede del Gobierno Provincial y asume la contabilidad del establecimiento gubernamental.

Ocupando esta posición oficial regresa a sus estudios universitarios para ser elegido por el voto de los estudiantes presidente de la Escuela de Ciencias Comerciales y un año más tarde, en las primeras elecciones del alto centro de estudios villaclareño, presidente de la Federación Estudiantil Universitaria[10].

Pedro Pérez Cruz vuelve a encontrarse con Porfirio en el año 1959 cuando este trabajaba en la sede del gobierno provincial. Cuenta que cuando las autoridades organizaron un acto de recordación a dos mártires de la huelga del 9 de abril que habían sido estudiantes de la Escuela de Comercio, le encomendaron a tres personas, Porfirio, al profesor Rodríguez Marín y a él localizar a los padres de los jóvenes asesinados que vivían en Manicaragua. Dice que a partir de ese momento compartieron más tiempo lo que le permitió reafirmar la

---

[10] *Federación Estudiantil Universitaria (FEU) fundada el 20 de diciembre de 1922 por el dirigente estudiantil de militancia comunista Julio Antonio Mella. Es la organización que agrupa a los estudiantes universitarios cubanos. Desde su fundación, en cada momento significativo de la historia de Cuba los dirigentes de la FEU se situaron a la vanguardia de los mejores intereses del país. Participó activamente en el derrocamiento del general Gerardo Machado y Morales y de Fulgencio Batista. A partir del triunfo de la Revolución el régimen estableció fuertes controles sobre la organización, determinando su dirigencia e imponiendo sus candidatos en las elecciones. Ejemplo del compromiso de la FEU fue la muerte por la democracia en Cuba de su presidente en Las Villas: Porfirio Remberto Ramírez Ruiz.*

idea que se había hecho en los años que eran estudiantes. Cuenta que Porfirio tenía un Chevrolet Bel Air de color blanco, usaba barba y tenía una pistola de cabo color naranja que curiosamente y contrario a las prácticas de la época, no usaba y la mantenía en la gaveta del carro.

Cuenta Paulino Fernández que Porfirio Ramírez y otros dirigentes estudiantiles se impusieron la tarea de organizar la Federación Estudiantil Universitaria y que se acordó que en febrero de 1960 se efectuarían los primeros sufragios para elegir la primera junta directiva de la entidad, pero que aún antes de celebrarse los comicios universitarios Porfirio era por voluntad del estudiantado el Presidente de la FEU, liderazgo que se confirmó con el voto de los alumnos. Porfirio, sigue Fernández, se entregó a la tarea de organizar de la mejor manera posible el centro de estudios, encomienda en la que tuvo éxitos gracias a sus características personales y a su capacidad de trabajo e integridad moral.

Apunta Carlos Marcelo que el 14 de febrero, a menos de dos meses del triunfo insurreccional, celebraba su cumpleaños junto al de otros amigos que también lo festejaban ese día cuando llegó Porfirio que era un gran amigo de todos y que durante el festejo se abordó la política y la influencia que los comunistas estaban ejerciendo en muchas esferas del gobierno y que Porfirio le dijo, "Marcelo, los comunistas no pueden coger el poder, esto es de nosotros los demócratas y si hay que volver a luchar no debemos pensarlo dos veces."

Pasaron los meses y se radicalizó el Gobierno Revolucionario. Nuestro biografiado se da cuenta que el proceso se está distanciando radicalmente de las promesas hechas al Pueblo durante la insurrección. Los comunistas que no habían participado en la lucha empezaron a ocupar posiciones y a desplazar a los combatientes que ponían reparos a la creciente influencia del Partido Socialista Popular.[11]

---

[11] *El Partido Socialista Popular (PSP) fue un partido político. Fundado el 16 de agosto de 1925 como el Partido Comunista Cubano. El Partido Comunista funciona clandestinamente hasta finales de la década del 30, porque en 1939 es legalizado por Fulgencio Batista con el nombre de Unión Revolucionaria Comunista el 22 de enero de 1944 asume el nombre definitivo de Partido Socialista Popular (PSP). Durante cerca de 30 años su secretario general fue Blas Roca Calderío. En la campaña electoral del 1939-40 apoya la candidatura presidencial de Fulgencio Batista para el período 1940-1944, y dos de sus dirigentes más*

Porfirio fue testigo de cómo las más variadas expresiones de la sociedad civil fueron consumidas por el fuego de la Revolución. El movimiento obrero perdió su espíritu crítico, y a partir del Congreso de la CTC en noviembre de 1959[12] se transformó en una polea más que solo trasmitía los intereses de la nomenclatura. Apreció cómo el movimiento estudiantil siempre independiente y belicoso se dividió y un amplio sector se sumó al gobierno hasta poner en peligro la histórica autonomía universitaria. Los colegios profesionales iban siendo sometidos y la prensa y la libertad de expresión fueron amenazadas y en cierta medida parcialmente controladas por medio de chantajes y presiones desde el mismo año del triunfo revolucionario.

Lo más preocupante desde la óptica de un hombre con profundas convicciones libertarias era que la Carta Magna[13] de la república promulgada en 1940 no había sido restaurada como se había prometido y la propuesta de elecciones plurales y con garantías no pasaba de ser una consigna. La prensa era paulatinamente amordazada y muchas de las leyes que se promulgaban tendían a limitar la capacidad productiva del país.

Por otra parte los derechos individuales, tanto los económicos como los políticos, eran cercenados de forma continua por lo que el ciudadano empezaba a vivir de nuevo las angustias y la inseguridad que había padecido bajo el régimen depuesto.

La policía política no cesaba de reprimir, los fusilamientos sin el debido proceso se sucedían y hasta personas que habían participado en la lucha contra el gobierno anterior fueron arrestadas por el simple hecho de cuestionar o criticar determinados actos del régimen.

---

notorios, Juan Marinello y Carlos Rafael Rodríguez, asumen posiciones de ministro en el gabinete del general presidente. El periódico "Hoy", órgano del Partido diría de Batista "cubano ciento por ciento, celoso guardador de la libertad patria, tribuno elocuente y popular.. prohombre de nuestra política nacional, ídolo de un pueblo que piensa y vela por su bienestar... hombre que encarna los ideales sagrados de una Cuba nueva y que por su actuación demócrata identificado con las necesidades del pueblo, lleva en sí el sello de su valor" [1]. Periódico "Hoy" 13 de julio de 1940. En los comicios de 1944 apoya al candidato de Fulgencio Batista, el doctor Carlos Saladrigas.

[12] *Décimo Congreso de la Central de Trabajadores de Cuba., conocido como el "Congreso de los Melones". Fidel Castro impuso su voluntad en este evento y la dirección de la CTC la asumió los que designó. Esta situación facilitó el control del movimiento de los trabajadores por parte de los comunistas.*

[13] *La Constitución de 1940, promulgada el 8 de junio de ese año, fue producto de la elección libre de sus delegados quienes la redactaron libremente .la constitución estuvo vigente hasta el 10 de marzo de 1952.*

Dice Clara Delgado que nunca vio en Porfirio un hombre fanático dispuesto a imponer su opinión por encima de la de los demás y que se percató que aunque era revolucionario y había luchado en la insurrección, ponía reparos a muchas de las cosas que estaban sucediendo en el país. Señala que nunca le dijo que estaba conspirando y menos que estuviera en preparativos para alzarse nuevamente, pero que sí apreciaba que conversaba con muchas personas sobre la situación del país y que les decía que era necesario hacer algo. Considera que Porfirio podía estar conspirando, pero que era extremadamente discreto, aunque su hermano Rodolfo sí estaba actuando contra el gobierno.

En diciembre de 1959, embarazada de Porfirio, asiste en su compañía a la fiesta de fin de año de la Universidad. Recuerda que estaban muy contentos y que el propio presidente de la FEU., Antonio Larralde, les invitó a su mesa pero que Porfirio le dio las gracias y le expresó que quería sentarse solo con su mujer por lo que fueron a la única mesa para dos personas que había en todo el salón. Clara recuerda aquella noche como muy especial y señala que al momento de las 12 campanadas el primero que se levantó de donde estaba sentado y se dirigió a ellos para brindar y felicitarlos fue el capitán Pérez Roca, el hombre que dirigiría el pelotón que ejecutó a Porfirio diez meses más tarde.

Opina Roberto González, que a la sazón era teniente del ejército rebelde destacado en La Habana, que otras situaciones que molestaban a Porfirio era cómo el gobierno incentivaba la delación y la división entre cubanos, que criticaba el hecho de que las autoridades en vez de procurar la paz y el entendimiento entre los ciudadanos lo que hacía era constantemente generar odios para mantener dividido al pueblo y en particular a los que habían luchado contra el régimen de Batista.

Continúa González diciendo que en los días finales del año 1959, un grupo de jóvenes revolucionarios integrado por Juan Abreu, Roberto Jiménez y Carlos Marcelo liderado por Ramírez en su condición de presidente de la Federación Estudiantil Universitaria de Las Villas, viajaron a la capital para que una figura destacada de la Revolución asistiese a un acto popular que se iba a celebrar en la Universidad de Santa Clara. La persona que vieron fue a Ernesto Guevara que se comportó de forma grosera y sectaria, llegando a cuestionar la militancia revolucionaria de quienes le invitaban y manifestando que la empresa privada no debía asociarse a la actividad que estaban programando. Refiere el declarante que esto molestó mucho a Ramírez quien expresó que las muchas dudas que le acosaran sobre el curso de la Revolución se estaban disipando.

Vega recuerda que Porfirio numerosas veces le comentó las decisiones del gobierno que desde su punto de vista conducían al país a una nueva dictadura, opiniones que compartía porque tampoco le agradaba lo que estaba pasando en el país, por eso cuando se le planteó que habría que ir a las montañas porque en el llano era prácticamente imposible actuar decidió partir sin asomo de dudas, pues tenía una gran confianza en el liderazgo de su amigo.

Rodolfo Ramírez, hermano de Porfirio, cuenta que a finales de 1959 o en los primeros días de enero de 1960, Porfirio se le acercó y le dijo que la situación del país estaba muy complicada, que el futuro de la Patria de nuevo se ensombrecía y que era necesario apresurar los preparativos porque si era preciso volvería a las montañas para ayudar a salvar el Proceso que estaba siendo desviado por Fidel Castro y los hombres que le rodeaban.

Recuerda el ya mencionado teniente González, que Porfirio le mandó a buscar y que en el encuentro que sostuvieron en el edificio del gobierno provincial le dijo con mucha seriedad que las cosas marchaban mal y que había que prepararse para lo peor.

La primera persona con la que González se entrevistó por orden de Porfirio fue con Carlos Marcelo, otro amigo de la infancia, después sostuvo otra reunión en el "Club Gallístico" de Santa Clara, este encuentro fue presidido por el propio Ramírez, el capitán Sinesio Walsh Ríos, Ángel del Sol y Abel González Chávez.

Cuenta que después de esta reunión una vez más fue al Club Gallístico para sostener por indicación de Porfirio un encuentro con Diego Pérez, presidente del sindicato de los chóferes de autobuses de Santa Clara, días más tarde el líder estudiantil se encontraría con el dirigente sindical para proyectar las actividades necesarias que harían posible lo que desde el principio su amigo le había dicho: Hay que alzarse y una vez más luchar por nuestra libertad.

En esta misma época apunta Carlos Marcelo, "El Negro" le planteó que la Revolución estaba tomando un rumbo equivocado, que le estaban entregando el poder a los comunistas y que era necesario empezar a evaluar lo más fríamente posible la situación y las alternativas que debían tomarse en cada caso pero que en ningún momento era posible cruzarse de brazos y no hacer nada contra los comunistas. Dice que a partir de este momento intensificó sus contactos con personas que estaban descontentas con lo que estaba pasando en Cuba y planteó la necesidad de empezar a conspirar

Recuerda que Porfirio le comentó que su trabajo en el gobierno provincial se estaba haciendo muy complicado, que tenía muchas discusiones con los otros funcionarios y en particular con el comandante Félix Torres[14], un viejo comunista que había estado alzado en la zona norte de Las Villas. Agregó Porfirio que iba a dejar ese trabajo, pero que cuando lo hiciera no podía regresar a la casa para llevar una vida normal porque sería perseguido y acosado como estaba sucediendo con muchos de sus compañeros.

Refiere su amigo de la infancia y compañero de lucha Roberto González, que un suceso que impactó fuertemente a Porfirio Ramírez fue el arresto en su poblado natal de un grupo de personas, entre ellas varios amigos íntimos. Agrega que algunos ya estaban conspirando contra el gobierno pero otros simplemente hacían público su descontento con las cosas que estaban ocurriendo en el país. "Habla con esos amigos que arrestaron y que ya están sueltos, que se estén tranquilos, que tenemos planes muy buenos y que por actuar a la ligera no podemos echarlos a perder", le dijo Porfirio.

Considera que este suceso determinó que Porfirio ordenará incrementar los preparativos porque era evidente que las autoridades estaban investigando y que aunque no lo habían detectado no pasaría mucho tiempo para que así ocurriese.

Cuenta Víctor Hernández Díaz, conocido como "Nenito", tenien-

---

[14] *Dirigente del Partido Socialista Popular, comandó un pequeño grupo de insurgentes en el norte de Las Villas.*

te del ejército rebelde en la lucha contra Batista, que le unía a la familia Ramírez una estrecha amistad y que su primer contacto en el proceso de confrontación que se iniciaba lo sostuvo con Rodolfo Ramírez, hermano de Porfirio. Destaca que se entrevistó con numerosos hombres que habían luchado contra Batista y que con el tiempo se convertirían en símbolos de la lucha contra Castro. Recuerda entre otros a Benito Campos Pérez[15], José Martí Campos[16], "Campito", Demetrio Ramón "Nano" Pérez Rodríguez[17], el teniente Machín, el comandante Víctor Paneque[18] y el ex senador Aniceto Cabeza[19] que representaba al movimiento clandestino "Rescate"[20] de origen auténtico.

Carlos Marcelo, fue uno de los arrestados por la policía política, y dice que Porfirio no se detuvo a pensar lo que podía perjudicarle si salía en su defensa y que fue a la dependencia policial donde estaba recluido: Demandó su liberación y garantizó al oficial a cargo que se hacía responsable de los actos de su amigo. Recuerda que Porfirio actuó con tanta firmeza y seguridad, que fue liberado de inmediato a pesar de que no era inocente de lo que le impugnaban.

El arresto se produjo como en el mes de mayo de 1960, a consecuencia de una delación. Apunta que unos días antes habían tratado de acopiar unas armas que tenían escondidas el ex capitán Florencio Beltrán y el dueño de un almacén de víveres de apellido Riesgo en la finca San Nicolás. El predio rural estaba situado en la carretera La Guanaja, propiedad de Beltrán, quien tenía un negocio para vender leche, pero para poder llevarse las armas necesitaban un medio de transporte que no estuviese identificado por lo que se dieron a la tarea de conseguir uno.

Refiere que desconocía la posición política de Beltrán y que por

---

[15] *Jefe de guerrilla que operaba en la zona norte de Las Villas. Se suicida antes de caer hecho prisionero el 4 de septiembre de 1964.*

[16] *Jefe de guerrilla de toda la zona norte de Las Villas. Cae en combate el 3 de septiembre de 1964.*

[17] *Jefe de guerrilla de la región centro-norte en Las Villas. Ejecutado con cuatro de sus hombres el 15 de noviembre de 1963.*

[18] *Jefe de Acción y Sabotaje del Movimiento 26 de Julio en la provincia de Las Villas. Fue conocido como el comandante "Diego".*

[19] *Senador por el Partido Auténtico.*

[20] *Movimiento Rescate Revolucionario era de orientación "Auténtica" y estaba dirigido por Manuel Antonio de Varona. La persona que tenía relaciones con los alzados en el Escambray, era Ramón Ruiz Sánchez, conocido como "Augusto".*

eso se prepararon para llevarse las armas a la fuerza si era necesario.

Recuerda que el hermano de Porfirio trató la situación sin dar muchos detalles con un chofer de la localidad de nombre Elio Cruz, pero que cuando se enteró quien era el individuo que facilitaría el vehículo le dijo a Rodolfo que Cruz era miliciano y que trabajaba para los órganos de la Seguridad del Estado[21]. No obstante a pesar de que trataron de desviar la atención fue arrestado junto a otras personas al día siguiente.

Por su parte dice Roberto González que las armas las había colectado Beltrán desde los primeros días del triunfo revolucionario y que estaban junto a otros pertrechos que el doctor Orlando Bosch[22], que había sido coordinador provincial en Las Villas del Movimiento 26 de Julio y que estaba a cargo de la zona cuando triunfó la Revolución, se había llevado del regimiento Leoncio Vidal, la base militar más importante de la provincia de Las Villas. Las armas estuvieron un tiempo guardadas en la finca "El Rosario", propiedad de un de tío de González.

Sobre las armas que sustrajo del regimiento dice Bosch que le expuso al capitán René Rodríguez quien estaba a cargo del regimiento, que la zona sur de la provincia estaba prácticamente indefensa ya que los rebeldes y partidarios de la revolución, no tenían armas con qué defenderla. Este planteamiento le permitió llevarse los pertrechos sin problemas y con la anuencia del oficial a cargo.

Bosch también relató al autor que previo a su decisión de llevarse las armas había sostenido varios encuentros con Fidel Castro en los que le había expuesto de manera clara y sin reservas su rechazo a la penetración comunista en el gobierno revolucionario, pero que Castro, siempre decía que estaba viendo fantasmas, que lo tenía todo bajo control y que los comunistas nunca dominarían la Revolución. Sin embargo cuenta que en la última charla quedó convencido que

---

[21] *Consejo de Ministros, transforma en 1961 el Ministerio de Gobernación en Ministerio del Interior, al cual se adscribe el Departamento de Información (G-2), hasta ese momento del MINFAR, que se denominará en lo adelante Departamento de Seguridad del Estado. Previo a esta decisión la policía política era identificada simplemente como G2*

[22] *Médico cubano. Dirigente de la Federación Estudiantil Universitaria y del Movimiento 26 de Julio en la provincia de Las Villas. Participó en la gestación de las guerrillas en el Escambray y años más tarde desarrolló e implementó la estrategia de la "Guerra por los Caminos del Mundo".*

Fidel Castro le mentía, por lo que decidió dar los pasos necesarios para volver a luchar.

El doctor Bosch refiere que conoció a Ramírez poco tiempo después del triunfo de la Revolución y en su condición de presidente de la Federación Estudiantil Universitaria, FEU. Cuenta que desde el principio entre los dos se estableció una corriente de confianza y que ambos intercambiaron sus inquietudes por la fuerte penetración de los comunistas en el gobierno revolucionario.

Apunta que la primera charla seria sobre la presencia comunista en el gobierno revolucionario la sostuvo en su consulta de médico pero que después se encontraron varias veces en la finca San José. Dice que de mutuo acuerdo empezaron a contactar potenciales conspiradores y que tuvieron éxito en la encomienda porque muchos oficiales y dirigentes revolucionarios estaban también descontentos.

Recuerda que conversó con muchas personas, en su mayoría individuos que habían participado en el proceso insurreccional y que no tenían vínculos con el comunismo. Entre estos individuos estaba el comandante Víctor "Diego" Paneque. Apunta que una de sus primeros actos contra el nuevo régimen fue coordinar la extracción de armas del regimiento Leoncio Vidal.[23]

Refiere Carlos Marcelo y coincide con González, que las actividades de Porfirio contra el régimen se hicieron más intensas y que aceleró los preparativos y condiciones para producir un alzamiento en el que participarían varios hombres que habían estado alzados en el anterior conflicto en la región del Escambray.

Según Marcelo, Porfirio se había impuesto la tarea de atraer antiguos revolucionarios a la conspiración mientras que él junto al "Niño" Ramírez hacía contactos con otras personas que desconfiaban de Porfirio porque este era muy conocido por sus antecedentes revolucionarios. Recuerda que una de esas personas fue el ex senador por Las Villas, dirigente del Partido auténtico[24], Aniceto Cabeza quien

---

[23] *Nombre del cuartel militar donde radicaba el regimiento de la provincia de Las Villas, en honor al coronel del ejército libertador caído en combate. Leoncio Vidal.*

[24] *El Partido Revolucionario Cubano (Auténtico) o Partido Auténtico, PRC(A) fue fundado el 8 de febrero de 1934 por Ramón Grau San Martín. El mayor partido político antes del triunfo de la Revolución. El PRC(A) ganó las elecciones presidenciales en dos ocasiones: Ramón Grau San Martín (1944-1948) y Carlos Prío Socarrás (1948-1952).*

con anterioridad se había interesado en la posición política de los Ramírez

Semanas más tarde, continúa contando González, quien vivía en la Habana, había logrado reunir varias armas entre ella un fusil Garand, dos carabinas San Cristóbal y una docena de granadas facilitadas por Julio Tornas, que en ese momento era el jefe cuartel maestre de la Fortaleza Militar de la Cabaña[25]. Apunta que para recoger los pertrechos Porfirio envió a la capital a una persona de su confianza y que el viajante resultó ser Carlos Marcelo que en compañía de su hermana y un primo del dirigente estudiantil, Pablo Orlando Ruiz, recogieron las armas que estaban guardadas.

Cuenta González que en La Habana se produjeron varias reuniones relacionadas con los planes de alzamiento. La primera es en el restaurante "Chino Pekín", en el Vedado, a ella asistieron entre otras personas, Rodolfo Ramírez y el teniente del ejército rebelde, Víctor M. Hernández Díaz. Refiere que en una de estas reuniones Hernández Díaz se dirigió a los presentes con una voz muy firme que impresionó a todos: "No hay solución con este gobierno, hay que volver a luchar, así que ustedes dicen si nos vamos para la loma o conspiramos en la ciudad". El acuerdo fue alzarse en armas aunque uno de los presentes planteó continuar en el llano y analizar más la situación. Al día siguiente sostuvieron otra reunión en el "Pullman", una cafetería situado en las calles Neptuno y Consulado en La Habana Vieja.

Según Víctor Hernández Díaz, mucho antes de la reunión que tuvo lugar en La Habana Porfirio había conversado con un representante de Sinesio Walsh en la ciudad de Santa Clara. En el encuentro capitalino participaron Porfirio Ramírez, Pablo Orlando Ruiz López, Aniceto Cabezas, el ex representante a la Cámara de Representantes de la República Norberto Díaz y un abogado del que solo recuerda que se llamaba José Julio.

Dice que en la reunión hubo momentos de tensión porque tanto

---

[25] *La Fortaleza de San Carlos de La Cabaña es la más grande de las edificaciones militares construidas por España en América. En ella se alojaban las mejores unidades del ejército español en Cuba. Al triunfo de la Revolución el Comandante Ernesto Guevara ocupó las instalaciones. Allí estableció su Comandancia. Actualmente es un museo que en el que se exponen documentos y testimonios de Guevara. En la fortaleza de La Cabaña fueron fusilados cientos de opositores al régimen totalitario.*

Díaz como José Julio, ambos del Partido auténtico, consideraban que la situación demandaba un análisis más profundo y que no se debían precipitar los acontecimientos hasta que no se concretasen ciertas condiciones. Recuerda que le sugerían que se fueran del país para que se sumasen a lo que se estaba preparando en el extranjero, pero que a la vez planteaban que era posible que todo pasara de un extremo a otro porque tal vez Fidel Castro no era comunista y la situación podía cambiar.

Refiere que Porfirio rebatió fuertemente lo expuesto por Díaz y que tajante dijo que en Cuba no había más alternativa que luchar contra la nueva dictadura con las armas en las manos. Recordó que al igual que en las reuniones anteriores fue claro y preciso, que en ningún momento ocultó la naturaleza de sus planes y que una vez más le escuchó decir "Hay que alzarse, es la única manera de derrocar a este gobierno".

Terminada la reunión los complotados toman rumbo a Santa Clara pero como transportaban armas González se vale de su condición de oficial del ejército y les acompaña hasta cruzar el túnel de la bahía. Recuerda que eso había que hacerlo como una mínima medida de seguridad ya que en muchas ocasiones las autoridades sometían a registros a los vehículos que transitaban por el túnel y que estaban identificados con placas de otras provincias.

La situación en el poblado de Antón Díaz con el transcurso de los días se fue haciendo más difícil para aquellas personas que las autoridades consideraban contrarias a la Revolución. Constantemente los "desafecto", así les identificaban, eran ofendidos e intimidados y en ocasiones arrestados por varias horas. El escenario se hacía más difícil y la necesidad de actuar antes de ser apresados, perentoria.

Afirma Carlos Marcelo que varios días antes de que ellos partieran para las montañas el doctor Orlando Bosch trasladó parte de las armas que tenía, incluyendo una ametralladora calibre 30 de enfriamiento por agua que había sustraído del regimiento de Santa Clara, a la finca Boquerones, propiedad de Enrique León León. Este predio que estaba situado en una zona conocida como Cari Blanca era donde el capitán Sinesio Walsh Ríos, que hacía varios días se había alzado en armas, había ubicado su primer campamento.

Por otra parte el ya mencionado capitán del ejército rebelde Florencio Beltrán le hizo entrega a González de una modesta cantidad de armas y municiones que había recopilado desde el triunfo de la insurrección, incluyendo parte de los pertrechos que Bosch había sacado de varias dependencia militares de la ciudad.

La convicción de que Cuba iba hacia un régimen despótico sin precedentes en la isla estaba en la conciencia de muchos de sus hijos. Refiere la señora Amparo Posada, viuda de Plinio Prieto, que el hecho de que Fidel Castro asumiese el control del gobierno fue para su esposo muy decepcionante porque ambos se conocían de la Universidad de La Habana y habían tenido numerosos enfrentamientos por la conducta gansteril y abusiva de quien se autocalificó de máximo líder.

Pocos meses después Plinio Prieto se trasladó con toda su familia para la ciudad de Santo Domingo, situación, prosigue la viuda, que aprovechó para activar las relaciones que tenía con los campesinos que vivían en el Escambray. Organizó campamento, creó redes de distribución y contactó con personas en las ciudades y en el extranjero para que le suministraran recursos y poder realizar una guerra victoriosa. Estos últimos, salvo muy pocos elementos de guerra, nunca llegaron a sus manos, afirma su viuda.

Cuenta Giordano Hernández que el comandante Plinio Prieto disfrutaba de un amplio apoyo popular en una zona del Escambray conocida como Guanayara y que como era un hombre particularmente previsor había establecido una especie de centro de operaciones en ese lugar aún antes de haber iniciado el proceso que culminó con el alzamiento de algunos de los miembros más destacados de la organización, entre ellos Haroldo Hernández, el individuo que había transportado la mayoría de las armas que usarían los insurgentes.

Apunta que una parte de esas armas habían sido facilitadas por el ex-presidente Carlos Prío Socarrás, que aunque mantenía una actitud pública favorable a la Revolución estaba convencido que en el país se iba a instaurar una dictadura y que era necesario combatirla.

Refiere que con relativa frecuencia activistas de la OA, especialmente Plinio Prieto, visitaban la zona montañosa llevando pertrechos y preparando condiciones para cuando se decidiera el alzamiento, que esto se hizo en forma escalonada y asegurando que en las ciudades se establecieran redes de abastecimiento que suministraran los recursos que fuesen necesarios.

Señala que al frente de las actividades de apoyo quedaron Salvador Esteban Lora y Lauro Blanco. Recuerda que en esos días se designó un Estado Mayor que comandó Plinio Prieto integrado por el declarante, Haroldo Hernández, Jorge Cao y los ya mencionados Esteban Lora y Blanco, que quedaron en la capital. Apunta que desde el principio la flamante fuerza guerrillera consideró que era importante tener una planta de radio que les posibilitase trasmitir una programación política e ideológica que alertara a la población sobre lo que estaba ocurriendo en el país y las razones que les asistían para haber decidido tomar las armas contra una revolución en la que todos habían participado. Cuenta que esta misión le fue encomendada a Emilio Adolfo Rivero Caro quien en menos de dos meses había colocado el trasmisor en el campamento insurgente.

Hernández refiere que la noche del 20 del Mayo de 1960 en su condición de jefe de propaganda de la organización trasmitió por la planta que tenían en el campamento de Guanayara una alocución al pueblo de Cuba en la que informaba que en las montañas del Escambray se había abierto un frente guerrillero para luchar por la democracia y la libertad. Apunta que aunque no recuerda bien el nombre con el que bautizaron el frente, cree que fue "Frente Democrático del Escambray", si tiene bien presente que en la mañana de ese día un grupo guerrillero que comandaba Manuel Rojas había sostenido un enfrentamiento con efectivos del ejército que causaron una baja mortal entre los insurgentes y un herido en las fuerzas enemigas.

Dice Paulino Fernández que sería en la primavera de 1960 cuando Porfirio empezó a manifestar su descontento con las actuaciones del régimen, recuerda que conversaba con algunos estudiantes, en particular con aquellos que como él integraba la Federación, sobre las injusticias que tenían lugar en la isla. Refiere que las críticas de Porfirio fueron muy importantes en el ámbito universitario porque permitieron que muchos jóvenes asumieran nuevos compromisos y se dispusieran a enfrentar a la dictadura.

Según Fernández los partidarios del gobierno en la Universidad siempre estuvieron pendientes de las declaraciones y posiciones que asumiese Porfirio, ya que su prestigio dentro del estudiantado era tan grande que solo con su conducta ejercía una gran influencia sobre todos sus compañeros. Considera que las autoridades rápidamente concluyeron que Porfirio Ramírez iba a ser un enemigo y que se prepararon para reprimirlo cuando las circunstancias lo determinasen. Cree que los enemigos de Porfirio conocían su valor y patriotismo y que no dudaron de que éste se alzara en armas una vez más o que produjera una acción dramática contra el gobierno.

Giordano Hernández refiere que lograron realizar con la planta varias trasmisiones de radio pero que el 11 de junio el campamento de Guanayara donde se encontraban las fuerzas guerrilleras compuesta por unos diez o doce hombres al mando de Plinio Prieto fue cercado por numerosos efectivos del ejército y de las milicias.

Recuerda que unos días antes dos miembros de las milicias habían descubierto de casualidad el emplazamiento del campamento que estaba cerca de uno del ejército. Dice que al detectar que estaban rodeados se inició un tiroteo que solo concluyó cuando se les acabaron las balas por lo que no les quedó otra alternativa que entregarse. Señala que en esta ocasión volvió a destacarse por su valentía y arrojo Plinio Prieto, quien junto a otro guerrillero partió de frente hacia las tropas del ejército logrando romper el cerco y escapar. Dice que como consecuencia de los disparos un militar resultó herido lo que enfureció al oficial al mando de las tropas quien ordenó situar frente a un farallón al declarante, a Salvador Muñoz Carpio y a Haroldo Hernández ordenando la formación de un pelotón de fusilamiento que les disparó a unas pulgadas sobre sus cabezas.

Agrega Giordano Hernández que su permanencia en los calabozos militares coincidió con la del capitán del ejército rebelde Sinesio Walsh Ríos que había sido arrestado con carácter preventivo. Refiere que Walsh le informó de su determinación de alzarse en armas si era liberado por lo que decidió informarle el lugar en el qué habían guardado unas armas que no habían sido ocupadas por los efectivos del gobierno.

Refiere el doctor Pedro Oliver Labra[26], que conoció a Porfirio en los primeros días de febrero de 1959 cuando todavía no estaba al frente del Rectorado de la Universidad Central de Las Villas ni su joven conocido era presidente de la FEU. Cuenta que se sentía orgulloso de aquel joven idealista que demostró una vez más sus convicciones democráticas unos meses más tarde.

Apunta Oliver Labra que ya en su condición de Rector y Porfirio de líder estudiantil, conversaron en muchas oportunidades pero que el tema era siempre la situación universitaria y qué se podía hacer para mejorarla. Señala que un día se le acercó el doctor Felipe Lastra, Vice Rector Administrativo de la universidad y le contó de lo disgustado que estaba el Presidente de la FEU con el curso que estaba tomando la Revolución. Esta conversación con Lastra le dio la oportunidad de abordar en numerosas ocasiones en sus charlas con Porfirio, la situación política del país. Apunta que conversaban de historia, del futuro de Cuba y sobre lo que habría que hacer para que las cosas mejorasen.

Juan Jesús González López, vivía en el estado de New Jersey a mediados de 1960 cuando viajó junto a varios amigos a la ciudad de New York, para sostener un encuentro con varias personas que habían venido de Cuba o iban para la isla a alzarse en armas. La reunión fue convocada por el comandante Nino Díaz y tuvo lugar en un salón de reuniones de la gran ciudad. Cuenta que todo el tiempo se estuvo hablando de Cuba y de los planes de alzamiento, que se habló de Porfirio Ramírez y Sinesio Walsh y que la persona que había estado al frente del encuentro había sido Plinio Prieto.

Para Roberto Jiménez los meses de junio y julio fueron muy intensos dentro del recinto universitario. Dedicaban gran parte de su tiempo a producir propaganda en la que denunciaban lo que significaba el comunismo y el control que estaban ejerciendo los líderes de esa ideología en el proceso revolucionario. Apunta que esos fueron

[26] Apuntes tomados de una conferencia organizada por la ciudad de Miami al cumplirse 30 años de la ejecución del 12 de octubre de 1960.

tiempos de debate político abierto y también de apreciar cómo había compañeros que no soportaban la intimidación, o simplemente eran seducidos por las promesas de grandes oportunidades de desarrollo personal, traicionando las convicciones que anteriormente había defendido valientemente.

Refiere que los primeros enfrentamientos se dieron en el campo de las ideas. Apunta que Porfirio Ramírez Ruiz, Sarralde, Raúl Álvarez Cabarga, Máximo Díaz, Paulino Fernández, Gloria Villar de Franco, Luisa García Toledo y varios jóvenes más crearon una especie de muralla ideológica que en poco tiempo no tuvo otra alternativa que recurrir a otros métodos de confrontación porque el enemigo con sus continuadas acciones represivas, les presionó a la vía armada.

Señala que en la Universidad de Santa Clara estaban funcionando varias organizaciones clandestinas, una de ellas la comandaba el presidente de la Federación Estudiantil Universitaria, Porfirio Ramírez Ruiz quien desde el primer momento planteó a sus allegados que el enfrentamiento militar era inevitable porque el tipo de gobierno que se estaba instaurando en Cuba no permitiría el debate político. Expone el declarante que la estrategia de Porfirio Ramírez, consistía en que después de su alzamiento los estudiantes identificados con la causa permaneciesen como si no hubiese ocurrido nada, incluyendo aquellos que eran dirigentes de la FEU hasta que se presentase la oportunidad de realizar nuevos alzamientos en armas.

Refiere que el Vice Rector Administrativo de la universidad, doctor Felipe Lastra y el Rector Pedro Oliver Labra, estaban implicados en los proyectos subversivos que dirigía Ramírez. Era el momento de iniciar una nueva lucha y no seguir pensando que la Revolución podía ser salvada. Cuenta que la crisis de conciencia que sufrían muchos revolucionarios era muy severa, pero que cada día se sumaban más pruebas del lugar donde se encontraba el deber.

Clara recuerda la ternura de Porfirio cuando vio a su hijo por primera vez. Apunta que la ternura que mostró hacia ella y el niño no tenían límites, al extremo que no puede olvidar el beso que Porfirio le dio en la frente aquella mañana, como tampoco el del encuentro en Topes de Collantes, tres o cuatro días antes de que lo fusilaran.

Refiere que Porfirio, tanto en el ámbito familiar como en el laboral, mantenía mucha reserva sobre lo que estaba haciendo. A veces se ausentaba y le decía que iba para La Habana a participar en una reunión de la Universidad. Su discreción era tan grande que no le llamó la atención cuando le pidió con insistencia una pistola que le había regalado un ex oficial de régimen anterior y que ella le guardaba. Tampoco, agrega, el gobernador de la provincia, que en aquel momento era el comandante "Nicaragua", dudó en prestarle su pistola cuando Porfirio se la pidió prestada, arma con la que se fue para las montañas.

Apunta que no sospechaba nada sobre las actividades de su esposo y que nunca imaginó que estaba preparando un alzamiento, que el tiempo que estaba en la casa se lo dedicaba al niño y que solo hacía referencias al pequeño. Dice que el día que se alzó le compró al sobrino un traje de camuflaje, que más tarde pasó por la casa le besó y se despidió con la normalidad de siempre.

Clara estaba de reposo por su embarazo, pero cuando las autoridades se enteran de que Porfirio se había alzado, le exigieron que se reincorporara al trabajo en las oficinas del Gobierno Provincial. Recuerda que el trato que recibió a partir de ese momento fue muy diferente, que se acabaron las prerrogativas que había disfrutado y del trato deferente de que era objeto por parte de muchas personas.

La trasladaron para la oficina de registro de entrada, lo que le daba acceso a toda la correspondencia, incluyendo la que provenía de la oficina de Celia Sánchez Manduley, lo que le dio la oportunidad de estar al tanto de muchas cosas relacionadas con las actividades represivas que planeaba el régimen. Estas informaciones se las remitía a su cuñado Aldo, en Iguará, que también estaba conspirando.

Ángel Alfonso Alemán, del poblado la Esperanza, tenía 20 años y era uno de los jóvenes que participó en la lucha contra el régimen anterior pero que estaba convencido había que actuar contra el nuevo gobierno. Señala que participó en varias reuniones preparatorias, pero recuerda en particular una que organizó la Juventud Obrera Católica en el Colegio Salesiano de Santa Clara.

Cuenta que cuando esta conferencia tuvo lugar ya estaba decidido que se iban a alzar, que sólo estaban a la espera de la orden Porfirio y de las armas que iban a ser depositadas en la oficina del gobierno en Santa Clara. Sobre la conferencia dice que duró todo un día y que fue impartida por un sacerdote húngaro que les describió la lucha del pueblo de su país contra la ocupación soviética. Señala como dato curioso que entre los presentes había un señor de nombre Matías Jover que era presidente de la Juventud Acción Católica[27] en La Habana, con el que habían sostenido varias discusiones porque se oponía a la lucha armada.

Recuerda Marcelo que Rodolfo Ramírez había planeado que todos ellos se inscribieran en las milicias que estaba organizando en La Esperanza para alzarse con las armas que les entregaran pero que este proyecto no pudo realizarse porque muchos de los inscriptos llamarían la atención de las autoridades lo que pondría en peligro los preparativos del alzamiento.

Otras armas de fuegos y sus municiones, recuerdan Rodolfo Ramírez y Marcelo, fueron aportadas por varios miembros del ejército rebelde y otros individuos que ya se oponían al gobierno, pero que por diferentes motivos no participarían del alzamiento. Cuenta que previo al alzamiento Porfirio dio la orden de que no se realizara ningún tipo de acción porque no querían llamar la atención de las autoridades y afectar en consecuencias lo que estaban planeando.

Una las reuniones más importante tuvo lugar en la ya mencionada finca San José de la familia Ramírez, en este encuentro participaron el doctor Orlando Bosch, el comandante Diego Paneque, el doctor "Bebo", "Mimo", Abel González Chávez, "Tomasillo" y varias personas más de las que Roberto González, uno de los sobrevivientes, no recuerda los nombres.

Uno de los últimos encuentros se realizó en la finca "Los Azules" de Tomás Machado, pero más tarde se reunieron en una finca situada en el Escambray de nombre "Los Tres Pinos" pero que ellos le pusieron la reunión de los tres "Tomás", ya que participaron el mismo número de personas con ese nombre. En este encuentro se acordó la

---

[27] *Numerosos jóvenes militantes en .los grupos de acción católica se incorporaron a la lucha contra Fulgencio Batista primero y posteriormente contra el régimen de Fidel Castro. Cientos de jóvenes católicos murieron ante el paredón de fusilamiento gritan "Viva Cristo Rey"*

fecha del alzamiento y que Rodolfo, el hermano de Porfirio, incautara las armas que se guardaban en el gobierno provincial de Santa Clara.

Como consecuencia de este acuerdo Porfirio "El Negro" Ramírez, había contactado a varios de los policías que protegían la sede del gobierno provincial de Santa Clara para que se sumasen al alzamiento que estaban planeando y participasen en la ocupación de las armas del edificio gubernamental.

Gloria Argudín, trabajaba en los archivos del Rectorado de la Universidad de La Habana. Dice que nunca simpatizó con el gobierno de Batista ni con el régimen que instauraron los hermanos Castro. Cuenta que poco a poco y por su cuenta, fue conociendo personas contrarias al gobierno que estaban dispuestas a conspirar y que una de éstas fue un sacerdote de nombre Irineo, que oficiaba en la provincia de Camagüey, quien le presentó a Silvio Campos y a Regino Paret que residían en la ciudad de Santa Clara y tenían contactos con alzados y otros grupos de conspiradores que integraban los Movimientos 30 de Noviembre y el Movimiento de Recuperación Revolucionaria.

Refiere Argudín que su padre era capitán médico del ejército y que tenía en su casa varias armas de fuego que ella fue sustrayendo paulatinamente y depositándolas en un lugar seguro hasta que pudo transportarlas a Camagüey para entregárselas al Padre Irineo, quien le dijo que no tenía condiciones para eso y que lo adecuado era que se las cediera a Campos o a Paret, que de seguro podían buscarle el destino apropiado.

Refiere que por varias días permaneció escondida en la ciudad de Santa Clara hasta que por razones de seguridad la enviaron al hotel San Carlos en Cienfuegos, donde poco después que fue visitada por su madre, fue arrestada por la policía política, pudiendo escapar milagrosamente. Dice que, evidentemente, las autoridades sabían sobre sus actividades y que habían seguido a su mamá para dar con su paradero. De Cienfuegos regresó a Santa Clara, donde de nuevo se escondió a la espera de que se diera la oportunidad de subir para las montañas e incorporarse a las fuerzas guerrilleras que comandaba Porfirio Ramírez o Plinio Prieto.

Diosdado Mesa y
Joaquín Membibre

Doctor Orlando Bosch y dos colaboradores

Diosdado Mesa

El Alzamiento

Rodolfo Ramírez dice que el día de la ocupación de las armas del gobierno provincial, 23 de agosto de 1960, condujo a su hermano desde la finca de la familia situada en Antón Díaz hasta la finca "Zapatero" en Seibabo, un poblado ubicado entre Manicaragua y Mataguá donde eran esperado por los hermanos Carpio y aproximadamente otros dieciséis hombres integrantes de los llamados Grupo de San Diego y de Conyedo. De esa finca partirían los flamantes alzados hasta el lugar donde les esperaban otros guerrilleros que también se aprestaban para la cruenta lucha que se avecinaba.

Cumplida esta operación "El Niño" Ramírez regresa a Santa Clara para cumplir la segunda parte del plan, ocupar y trasladar hasta el Escambray las armas del edificio donde trabaja Porfirio

Entre los policías complotados estaba Fulgencio "El Jubo" Rangel que dice conocía a Porfirio en su condición de Contador del Gobierno Provincial, que lo veía como un hombre serio y atento pero que desconocía lo que estaba tramando. Cuenta que supo de la situación por medio del ex senador Cabezas, quien le dijo que era necesario se incorporara al alzamiento y participase en la ocupación de las armas que se encontraban en el edificio.

Rangel que estaba informado de todos los planes convenció a otro policía de nombre Bucarano al que le correspondía estar de guardia la noche del asalto, de que le permitiera sustituirle y que a cambio él haría la vigilancia a la noche siguiente.

Ángel Alfonso Alemán fue de los que sustrajo las armas del edificio gubernamental. Dice que esa noche iba a tener lugar un evento político en el que estarían presentes Ernesto Guevara, el comandante Demetrio Monseny y el capitán Antonio Núñez Jiménez pero que los organizadores del acto habían dispuesto que todos los que portaban armas tenían que dejarla en la garita situada a la entrada del edificio que era custodiado por los tres policías complotados.

Recuerda que los únicos que no entregaron las armas fueron Guevara y su escolta.

Apunta que una de las personas que conocía del asalto era Florencio Beltrán pero que no participó porque estaba encargado de tener a Porfirio al tanto de los acontecimientos.

Dice que acordaron encontrarse el día de la acción en la casa del doctor Zapatero situada en el Reparto Riviera y cerca de la Clínica Marta Abreu. Los complotados fueron llegando por separados y en la tarde sostuvieron una ultima reunión con Porfirio que les explicó cuales eran los planes. De la casa partieron alrededor de la ocho de la noche para incautar las armas a los enemigos.

Carlos Marcelo cuenta que en el trasiego de las armas participaron varias personas entre ellas Rodolfo Ramírez y Tomas Ruiz, que era conocido como "Tomasillo", aparte de los dos policías, Rangel y Bolaños, que esa noche debían cuidar del edificio. Dice que las armas las llevaron para el carro con una rapidez increíble, que no dejaron ni un solo fusil incluyendo una carabina automática M2 que usaba el comandante Félix Torres.

El propio Rodolfo comentó durante la entrevista que el gobierno reaccionó ante al alzamiento de Porfirio con una rapidez que no era habitual y que en su opinión las acciones tomadas fueron consecuencias de que su hermano era el Presidente de la Federación Estudiantil Universitaria de Las Villas, un hombre de una historia sin manchas, querido por sus amigos y respetado hasta por sus enemigos políticos.

Apunta que las autoridades también tomaron como una ofensa que los custodios del edificio gubernamental se alzaran con las armas con las que supuestamente defenderían el lugar. Agrega que el comandante Félix Torres tomó el hecho como una ofensa personal ya que los policías que se iban para la montaña aprovecharon que se encontraba en una reunión para llevarse su arma.

Los pertrechos fueron transportados con mucho riesgo porque las autoridades habían colocado puntos de control en las entradas y salidas de pueblos y ciudades pero evidentemente les protegió el hecho de que todos iban vestidos de verde oliva y todavía no se conocía la ocupación de las armas de la sede gubernamental de la provincia, otro factor fue que delante de los vehículos que transportaban las armas iba un jeep conducido por "Tomasillo" que tenía instrucciones de alerta de cualquier situación que pusiera en peligro la operación.

Los vehículos que transportaban las armas y los futuros guerrilleros llegaron a un lugar que estaba después del pueblo de Mataguá conocido como la Loma del Aura, donde les esperaba Porfirio. Allí empezaron a tirar las armas para la cuneta, lo que hacían cuando no veían que se acercara otro vehículo, después las recogían para ubicarlas en un lugar de donde eran transportadas hasta la finca Zapatero, propiedad de un veterinario del mismo nombre que ya les había prestado la casa del reparto Riviera.

En la finca, los hombres que estaba involucrados en el alzamiento esperan por dos largos días a Enrique León León el práctico, que los conduciría hasta el campamento de Cariblanca, donde estaba acampado Sinesio Walsh el jefe guerrillero de la zona. Recuerdan que la caminata fue agotadora, que por más de 17 horas marcharon sin parar porque era necesario llegar a un lugar seguro para impedir ser capturados por las fuerzas de la dictadura que conocían que en la zona ya había guerrilleros.

Según Víctor M. Hernández Díaz, llegó a la finca Zapatero antes que Porfirio Ramírez porque había salido del poblado de la Esperanza con unos quince compañeros distribuidos en tres automóviles de alquiler. Recuerda que cuando decidieron alzarse Porfirio decidió asumir la jefatura política y él la militar pero que cuando se sumaron a las fuerzas de Sinesio, Porfirio se puso a las órdenes de este y que fue en una reunión posterior que se acordó que fuese una especie de segundo al mando y se determinó que permaneciera en el estado mayor, al igual que Eusebio Peñalver y varios insurgentes que servirían de escoltas. Por su parte asumió la jefatura de una guerrilla.

Recuerda que partieron de la finca Zapatero para ir al encuentro de Sinesio Walsh pero que durante el recorrido el guía perdió la orientación y debieron hacerse pasar por miembros del ejército rebelde para que un campesino de la zona les orientara cómo encontrar el punto de encuentro.

Apunta que cuando llegaron al punto de encuentro le emocionó la gran cantidad de hombres que allí se habían reunido pero que se entristeció cuando se percató que la mayoría no tenía ni un arma para defenderse, contrario a la situación de su grupo en el que todos estaban bien armados y hasta les sobraban unos pocos equipos militares, por lo que Porfirio ordenó compartir las armas con algunos de los casi 200 que formaban la tropa. En el lugar del encuentro estaban Vicente Méndez[28], Joaquín Membibre[29], un capitán de nombre "Tierrita" entre otros.

Recuerda que apreció que desde el primer momento el capitán Joaquín Membibre los miraba con cierta desconfianza porque iban muy bien armados pero que cuando Porfirio ordenó entregar las armas desapareció todo tipo de sospecha. Comenta que Porfirio siempre mostraba un gran interés por el estado de salud y emocional de los hombres bajo su mando, pero que a la vez en los enfrentamientos con las milicias era un líder de gran serenidad que no escabullía el cuerpo al peligro.

Por su parte Nilo R. Ledón, también conocido como "El Negro", había servido bajo las órdenes de Víctor M. Hernández, en la lucha contra el régimen anterior y fue uno de los muchos miembros del ejército rebelde que conciente que se avecinaba una nueva dictadura, tomó de nuevo las armas la noche del 23 de agosto de 1960.

Recuerda que con frecuencia conversaba con Víctor Hernández lo que estaba ocurriendo en el país y que ambos determinaron establecer contacto con otras personas que tenían los mismos puntos de vista para considerar qué se podía hacer para rescatar la Revolución de manos de los comunistas. Correrían los meses de mayo o junio cuando participan en las primeras reuniones con Ramírez y que fue en una de las últimas en la que se determinó que las circunstancias

---

[28] *Logró salir de Cuba, clandestinamente unos meses después de la ejecución de sus compañeros. En el exterior nunca cejó en la lucha y en su condición de jefe militar de Alpha 66 desembarcó en Cuba y murió en combate el 22 de abril de 1970.*
[29] *Permaneció en las montañas luchando por varios meses más pero ante las constantes ofensivas del régimen determinó salir para el exterior.*

demandaban reiniciar la lucha guerrillera.

Ledón apunta que conocía a Porfirio por terceras personas y que siempre habían tenido muy buenas referencias de él y de su familia.

Señala que le llamó mucho la atención la personalidad de Ramírez y que le inspiró desde el primer momento mucha confianza porque era un individuo diáfano, que hablaba sin rodeos e iba directo a los asuntos por complicados que fuesen. Cuenta que fueron conducidos de la finca Zapatero hasta el campamento de Cariblanca donde había más de un centenar de hombres, casi todos desarmados, por lo que le facilitaron muchos de los pertrechos que habían llevado hasta el lugar. Recuerda que un rato después los jefes se reunieron y lo que acordaron se implementó de inmediato.

Víctor M. Hernández Díaz, recuerda que uno de los primeros enfrentamientos fue con una tropa que comandaba un teniente del ejército y que este en el fragor de la lucha pidió una tregua y propuso cesar el enfrentamiento porque no quería combatir más. El comando de la guerrilla analizó la situación y concluyó que como se acercaban refuerzos que ellos no estaban en capacidad de enfrentar lo mejor era aceptar la propuesta. Señala que después de esta primera refriega, sostuvo breves escaramuzas con otras unidades del gobierno.

Coincide con otros declarantes que como consecuencia del enfrentamiento el jefe de las guerrillas, Sinesio Walsh decidió distribuir las unidades guerrilleras que hasta el momento tenían campamentos establecidos aproximadamente a un kilómetro de distancia entre ellas, a mayor distancia ya que eso facilitaba conocer con más amplitud el campo de operaciones del enemigo y en consecuencia tener más posibilidades de éxito en la evasión de los cercos.

Sinesio Walsh Ríos estaba junto a hombres con mucha experiencia adquirida en la lucha guerrillera de la contienda anterior. Junto al ya mencionado Vicente Méndez estaban los hermanos Castellano, Eusebio Peñalver[30], los hermanos Quintero, Abel González Chávez, que estaba a cargo de administrar los recursos de los insurgentes y su hermano Marino. Señala que uno de los presentes, Ángel Rodríguez del Sol, había tenido serios problemas con el comandante Félix To-

---

[30] *Murió en el exilio. Estuvo preso 28 años.*

rres, que se caracterizaba por perseguir con saña a cualquier persona que tuviera criterios propios y que pusiera reparos a su autoridad.

Alfonso Alemán refiere que las dificultades eran muchas pero que el liderazgo de Porfirio les inspiraba confianza y esperanza. Recuerda que cuando se encontraron con las fuerzas guerrilleras se apreciaba que había diferencias de criterios entre los jefes, en particular en la forma que enfocaban la organización de las fuerzas y la distribución de las mismas. Destaca que Porfirio en la reunión que se dio al efecto, con humildad y firmeza y haciendo dejación de cualquier plan personal, logró que disminuyeran las diferencias y se tomaran acuerdos importantes.

Según Paulino Fernández la situación en la Universidad se hizo cada día más difícil para aquellos que no compartían los postulados del régimen o simplemente tenían una actitud independiente. Apunta que los partidarios del gobierno se hacían cada día más agresivos y que demostraban estar dispuestos a imponer su voluntad, ya sea planteando la incorporación a las milicias o la ciega aceptación de las propuestas gubernamentales, sin embargo, agrega, la represión no alcanzó altas cotas hasta que Porfirio se alzó.

A partir del alzamiento, cuentan Jiménez y Fernández, la vida universitaria cambió al extremo que ambos coinciden que la Universidad Marta Abreu y todas las del país estuvieron marcadas por el antes y después del alzamiento del presidente de la Federación Estudiantil Universitaria de Las Villas. La poca independencia que restaba en los altos centros de estudios universitarios en Cuba desapareció y con ella la que habían disfrutado por décadas las organizaciones universitarias estudiantiles.

Roberto Jiménez recuerda que unos días después que se alzó Porfirio Ramírez un alto funcionario del gobierno, "Papito" Zerquera citó al rectorado de la Universidad a todos los dirigentes de la Federación Estudiantil Universitaria. Refiere que habló con mucho cuidado, sin faltar el respeto y sin criticar al líder estudiantil que se había alzado en el Escambray, pero advirtiendo que la Revolución iba a ser muy dura con él y con todos los que se habían incorporado a las guerrillas.

Inmediatamente se iniciaron procesos de depuración contra los estudiantes similares a los que se habían realizado contra los profesores en los meses anteriores. Recuerda el declarante que siguiendo las instrucciones de Ramírez intentó mantener un perfil bajo en la reunión de la FEU donde se hizo público y para que los asistentes lo firmaran, un documento de condena contra el líder estudiantil. Señala que como puso reparos a ciertas expresiones del documento fue duramente criticado por los partidarios del gobierno, sin embargo la reunión llegó a un punto de ebullición cuando Gloria Villar de Franco asumió una posición de defensa de Ramírez y rechazó tajantemente cualquier tipo de condena o crítica por su conducta.

Cuenta que al día siguiente hicieron una nueva citación para expulsar de la FEU a Gloria Villar de Franco, señalando que en esa ocasión no pudo seguir las orientaciones de Ramírez y se enfrentó firmemente a los verdugos lo que concluyó que tres días más tarde le citaron nuevamente, pero en esta ocasión como acusado. Señala que sostuvo un intenso debate con otros dos dirigentes estudiantiles, Antonio Rodríguez Palacios y Olga Caballero a los que acusó de estar instrumentando dentro de la organización estudiantil una campaña de terror político. La discusión fue tan fuerte que no alcanzaron los votos suficientes para separarle de la FEU, pero si pudieron expulsar a Teresa Chaviano quien era a la sazón presidenta del Colegio de Pedagogía.

Dice Fernández que en las semanas posteriores al alzamiento la universidad fue centro de una campaña de descrédito a Ramírez y que en consecuencia la situación se tornó muy delicada, en particular para aquellos que estaban conspirando contra el gobierno, porque las autoridades no cesaban de presionar para que cada estudiante definiese su posición política y que un método para lograr esto fue una campaña para expulsar de la Universidad a todos los profesores y alumnos que no hicieran público su respaldo al castrismo. Apunta que el régimen encubría su sectarismo diciendo que las expulsiones de los centros de estudios eran parte de un proceso de "Depuración" y que los actos en los que pretendían abochornar a sus rivales eran una forma de "repudiar" la conducta contrarrevolucionaria.

Cuenta el doctor Orlando Bosch que días después del alzamiento subió hasta el campamento guerrillero para sostener una entrevista con los jefes de los insurgentes Porfirio Ramírez, Sinesio Walsh y Joaquín Membibre. Refiere que la entrevista que se extendió por varias horas tenía como objetivo coordinar las actividades de apoyo que desde las ciudades se les brindaría a los guerrilleros y las que desarrollarían en el extranjero por conseguir los pertrechos necesarios para llevar a cabo una guerra victoriosa.

Dos o tres días después la fuerza guerrillera tuvo que abandonar el campamento de Cari Blanca como una elemental medida de seguridad, porque un guerrillero de nombre Quintero que estaba de guardia había avistado a dos individuos que 'supuestamente estaban cazando jutía'. El ser descubierto por personas ajenas a la guerrilla es altamente peligroso por lo que se hizo mandatorio abandonar el lugar donde habían sido vistos. No importaba que los cazadores fueran amigos, el asunto es que la sobrevivencia de la guerrilla, entre otros factores, está sustentada en que el enemigo no la haya localizado para que no pueda cercarlas y atacarlas con relativa impunidad.

El capitán Joaquín Membibre partió con sus hombres para una zona conocida como Veguita, y poco después sostuvo un fuerte enfrentamiento con el ejército en un lugar conocido como El Quirro. En este lugar perdió la vida un sobrino de Félix Torres, lo que enfureció más al sanguinario comandante.

Coincide Gilberto Roche Vega con los otros declarantes que aunque ellos llevaron armas para las montañas, la mayoría de los hombres que se habían alzado con anterioridad no tenían con qué defenderse y que lo habían hecho en la confianza de que le serían suministrados pertrechos militares suficientes para enfrentar al régimen. Afirma que lo que sobraba era voluntad y fe en la victoria pero que todo esto se frustró cuando se percataron que la ayuda en recursos militares que le habían prometido no llegaba.

Al no haber un suministro regular las municiones y reposición de las armas era imposible, por lo que en pocas semanas la escasez de recursos bélicos volvió a acosar a las fuerzas insurgentes, al extremo que en muchas ocasiones tuvieron que rechazar a personas que subían a la montaña para incorporarse a las guerrillas. Otro factor que les afectaba era que la ofensiva gubernamental en la que estaban involucrados miles de efectivos les obligaba a un constante desplazamiento ya que esa era la mejor forma de evitar ser atrapados en un cerco.

González comparte la opinión de Rodolfo Ramírez que desde el momento que las autoridades tuvieron conocimiento del alzamiento las fuerzas del régimen iniciaron una persecución tenaz y movilizaron miles de efectivos que montaban "cercos" y "peines" para presionar a los alzados hasta lograr su captura o darles muerte.

Recuerda Ramírez que en ocasiones eran sometidos a triples cercos en los que los efectivos del gobierno, bien armados y mejor pertrechados de municiones, no cesaban de hacer fuego al que ellos respondían contando los disparos que hacían los pocos hombres que portaban armas.

Refiere que un recurso que en muchas ocasiones usaron los guerrilleros para escapar o detectar donde las fuerzas del régimen había situado las ametralladoras, eran las reses que pastaban en algunas de las fincas en las que acampaban o eran descubiertos. Los insurgentes se situaban entre el ganado o detrás de este y lo empujaban hasta donde estaban situados los militares los que abrían fuego de inmediato.

Las fuerzas del gobierno no dejaban piedra sobre piedra ni respetaban sembradíos ni a sus propietarios, destrozaban todo a su paso y situaban efectivos en las casas para impedir que los guerrilleros se acercasen a las mismas.

En principio, para las autoridades, todos los campesinos eran sospechosos de colaborar con los alzados y por lo tanto tenían que ser arrestados o puestos bajo vigilancia, lo que impedían que los insurgentes pudieran alimentarse o recibir la ayuda en ropa, calzado, medicinas y armas que tanto necesitaban.

Diego Francisco Talavera Rodríguez, que a la sazón tenía 18 de edad, refiere que en el mes de septiembre el jefe guerrillero Diosdado Mesa le dijo que había que recoger a un individuo que regresaba de un viaje clandestino a Estados Unidos y que había sido comandante del ejército rebelde. El hombre resultó ser Plinio Prieto a quien condujo junto a otras personas hasta las proximidades de Jibacoa, donde se entrevistó con el jefe guerrillero Sinesio Walsh Ríos, capitán del ejército rebelde que se había alzado hacía pocas semanas. Agrega que Plinio Prieto, con las personas que le acompañaban partió para otra área de la región montañosa.

Agrega que después de esta operación no le quedó otra alternativa que alzarse para evitar ser apresado y que se incorporó a las fuerzas que dirigía Diosdado Mesa, que también había sido oficial del ejército rebelde.

Las fuerzas que comandaba Sinesio Walsh, tomaron el rumbo de la Lima, en la región del Salto del Hanabanilla para acampar en las proximidades de la Cueva de la Vieja donde vivía uno de los Duque, hermano de Evelio Duque Miyar[31], el primer jefe guerrillero del Escambray. Recuerda Marcelo que cruzaron un par de noche después, con las armas sobre la cabeza, una parte del río Hanabanilla, que en esa parte tenía cerca de un centenar de metros de ancho.

Durante varias semanas Gloria Argudín y sus compañeros estuvieron coordinando la mejor manera de subir el alijo de armas para el Escambray junto a una planta de radio que ella debía operar. Cuenta que el día fijado para el alzamiento fue el 18 de septiembre pero que por una serie de dificultades hubo que posponerlo para el día siguiente.

Recuerda que salieron de Santa Clara dos vehículos entre los que estaba repartida una docena de hombres, las armas y la planta de radio. Ella iba en el primer automóvil y el destino era la finca del dentista Zapatero, que menos de un mes antes había sido el lugar del que se había alzado Porfirio con una veintena de hombres.

En esta ocasión todo fue diferente. Cuando llegaron a la hacienda se dieron cuenta que el lugar estaba ocupado por el ejército y que ellos habían sido cercados por cientos de militares sin posibilidad de ejercer la más mínima defensa, sin embargo, ella con un cuchillo que portaba, se abalanzó contra un guardia que la golpeó brutalmente para impedir que le hiriera. Señala que esta acción le costó muy caro

---

[31] *Teniente del ejército rebelde. Co-fundador de una de las primeras organizaciones anticastrista "Legión Democrática Anticonstitucional". Se alzó en armas en agosto de 1960, organiza las fuerzas insurgentes en el Escambray y se convierte en el primer jefe de los guerrilleros. Salió de Cuba clandestinamente en 1961.*

porque en los días siguientes, los jefes de la operación, los comandantes Félix Duque y el doctor Fajardo, la trataron con extrema crueldad y vesania.

Después de ser arrestada la llevaron para el cuartel del poblado de Mataguá, de allí la trasladaron en un jeep para una especie de campamento donde los oficiales del ejército ocupaban varias casas que compartían con mujeres que no eran sus esposas. Dice que durante todo el camino los comandantes Torres y Fajardo la estuvieron ofendiendo y que uno de los esbirros le colocó un arma en la cabeza y no cesaba de amenazarla con que le daría un tiro.

A los pocos días, después de haber pasado por interrogatorios muy duros, fue conducida para el antiguo sanatorio de Topes de Collantes donde la recluyeron en una especie de celda sin darle oportunidad de asearse o cambiarse de ropa, por lo que seguía en las mismas condiciones del día en que había sido hecha prisionera.

Llevaba varios días en una celda, su ropa estaba raída, no sabía nada de sus compañeros pero no habían logrado sacarle ni una sola palabra. Una noche la llamaron, la sacaron de la celda y fue conducida por varios militares hasta un lugar algo alejado de las instalaciones del antiguo hospital. Dice que con sorpresa y terror se dio cuenta que la habían parado frente a una tumba y que los militares estaban en formación para ejecutarla. Fueron momentos espantosos pero lo más terrible fue la descarga. El ruido atronador la derribó, creyó que había muerto pero se dio cuenta que no había sido así porque sintió dolor cuando los guardias empezaron arrastrarla por la tierra. Recuerda que la subieron a la azotea del hospital, que dos militares la agarraron por las piernas y la dejaron que colgara en el vació, no recuerda cual de las dos experiencias fue más espantosa.

Su odisea no había concluído, conmocionada, incapaz de asimilar las brutales experiencias a las que había sido sometida fue conducida al sótano. La acostaron en una camilla, la ataron y le aplicaron una inyección de algo que ignora. No sabe cuando despertó pero cuando esto ocurrió estaba entre dos cadáveres que se encontraban en proceso de putrefacción. Uno de los muertos, el único que pudo identificar era Orlando Blanco González, un guerrillero que había muerto en combate hacía varios días. De allí la transportaron para Quinta y Catorce, la sede principal de la Seguridad del Estado en La Habana. Recuerda que la trasladaron violando todos los acuerdos internacionales porque la condujeron a la capital atada a la camilla de una ambulancia y custodiada por cinco milicianos.

A mediados del mes de septiembre los alzados llegaron a un lugar conocido como Pico Tuerto, cerca de donde estaba el chalet de los Lora, una zona de muchos cafetales donde pudieron acampar y descansar un poco, no obstante debieron continuar andando hasta la zona central de Pico Tuerto donde supuestamente un avión procedente del exterior les iba a lanzar el ansiado cargamento de armas.

Apunta Marcelo que desde el atardecer hasta que amanecía, en compañía de Porfirio, Orlando Ramírez y Tomasillo, salía del campamento para colocar las señales que los tripulantes del avión necesitaban para poder lanzar las armas. El recorrido era largo, 14 o 15 kilómetros y terminaba en un sitio conocido como la Mata de Café, relativamente cerca de la casa de Manuel "Congo" Pacheco[32] que en aquel momento era colaborador y guía de los alzados pero que en pocos meses se convertiría en uno de los jefes guerrilleros más famosos del Escambray.

Cuenta con tristeza que después de varias noches de caminata el avión pasó y que aunque pusieron la señal que les habían indicado, las armas fueron lanzadas en una zona del Hanabanilla que estaba ocupada por las fuerzas del gobierno. Agrega que la experiencia fue muy dolorosa, que habían colocado muchas expectativas en las armas porque no solo podían organizar ofensivas contra las fuerzas del régimen sino que también estarían en capacidad de recibir a los muchos hombres que en las ciudades y en los campos desesperaban por sumarse a las guerrillas.

La situación cada día empeoraba, se hacía tan desesperada que algunas de las personas que habían ayudado directa o indirectamente al alzamiento, enviaron mensajes planteándole que debían retirarse de las montañas.

---

[32] *Fue gravemente herido en Charco Azul, Escambray, el 12 de abril de 1962. Tres días más tarde fue ejecutado ante el paredón de fusilamiento en Santa Clara.*

Una de las personas que manifestó su preocupación fue el senador Aniceto Cabezas quien le hizo llegar a Carlos Marcelo un plan para que pudieran salir del Escambray si así lo decidían. Una enfermera que trabajaba en un centro policlínico de Santa Clara, que les colaboraba llevando medicinas y que milagrosamente pudo cruzar las líneas del frente, le comunicó que Cabezas tenía preparada una embarcación con capacidad para 45 personas lista para sacarlo del país con el compromiso de que podrían regresar con mejores armas y otras vituallas, para enfrentar con mas oportunidades de éxito a las fuerzas del gobierno.

Señala que reflexionó mucho sobre el mensaje de Cabezas y en particular la parte que refería que la ofensiva del gobierno iba a cubrir toda la región del Escambray y que el gobierno se había comprometido a acabar con los focos guerrilleros antes de que terminara el año, pero que a la vez estaba conciente de la posición de los jefes guerrilleros, porque en varias ocasiones habían dicho que ninguno de ellos se iría y que lucharían hasta el final. Destaca que uno de los más firmes en ese aspecto era "El Negro" que constantemente decía que no podía hacer concesiones, que la Patria estaba primero.

De Pico Tuerto avanzaron para otro sitio conocido como Pomarrosal donde acamparon por un tiempo para continuar hasta la finca "Nacimiento" en Nuevo Mundo, que era propiedad de un colaborador que conocían como el "Gallego" Fernández. Muchos campesinos prestaron su apoyo a las guerrillas pero cuando las condiciones se ponían difíciles se incorporaban a las fuerzas insurgentes. En poco tiempo se convertían en una especie de leyenda porque el conocimiento de la zona más las habilidades que poseían les permitían escapar con facilidad de los poderosos y constantes cercos de las fuerzas comunistas. Dos ejemplos notables de estos campesinos guerrilleros fueron Manuel "Congo "Pacheco y Jesús Ramón Real, "Realito"[33].

---

[33] *Cae en combate en la finca San Maní, el 15 de mayo de 1963. Al principio del enfrentamiento le hirieron en un muslo pero siguió luchando hasta su muerte.*

La situación de los alzados era precaria. En la ofensiva[34] que se extendía por toda la Sierra participaban miles de miliciano y miembros de las fuerzas armadas y de la seguridad del estado. Muchas de las armas que tenían los alzados estaban averiadas y prácticamente no les quedaban municiones para defenderse. En cambio el gobierno recurría a armas más sofisticadas, atacaban con bazookas y morteros como si el constante fuego de las armas ligeras que portaban los soldados no fuese suficiente.

Las ropas y los zapatos estaban destrozados y la alimentación cada día era más deficiente. No había con qué curar a los heridos. La sed les asediaba. Varios hombres estaban enfermos. La situación era precaria aunque según los testimoniantes la moral de los combatientes nunca fue afectada por las vicisitudes.

El gobierno había usado todos sus recursos y poder para impedir que los colaboradores asistieran a los guerrilleros. Los cercos a los alzados habían sido llevados a las poblaciones. Registraban e investigaban a todas las personas que entraban y salían de las zonas en conflicto, el sospechoso era arrestado y conducido a cualquiera de los campos de concentración situados en el Escambray.

Carlos Marcelo había analizado durante varios días el recado que le había enviado Cabezas y no tenía dudas de que había que tomar una decisión si querían salvar la vida, y tener una nueva oportunidad para reiniciar la lucha contra el comunismo. Ese pensamiento, le martillaba constantemente y decidió ir hasta el Estado Mayor del lugar para entrevistarse con Ramírez y hablar claramente sobre la situación, y de una vez por todas poner al tanto a los hombres que formaban la guerrilla y tomar la determinación que más conviniera.

Señala que cuando se estaba aproximando se inicia un fuerte tiroteo porque los hombres que estaban de guardia se percataron de la proximidad del enemigo y de la intención que tenían de atraparlos en un cerco. Cuenta que el enfrentamiento fue duro pero que no puede

---

[34] *El régimen montó una operación en las montañas del Escambray, integrada por unidades de combate que reunían a más de 60,000 efectivos, distribuidos en unos 80 batallones y con todos los recursos bélicos y suministros que demanda una operación militar de esas características. Todas estas fuerzas, al mando del comandante Dermidio Escalona, tenían como objetivo la aniquilación de pocos más de 600 alzados en armas que apenas tenían medios de defensa. Juan Varela Perez diario Granma. 11-22-05*

precisar si el gobierno sufrió bajas, pero que ellos sí tuvieron un muerto, un joven mulato de nombre Tito Lampeira, natural de Caibarién, que pertenecía a su misma unidad que era comandada por Nenito Hernández "El Buey".

Según Rodolfo Ramírez, para quien estaba destinado el mensaje que le enviaban del Estado Mayor, al parecer Lampeira había quedado atrapado en la parte más intensa del combate y al quedar desprotegido fue fácilmente baleado.

Recuerda que el enfrentamiento se inició por el lugar donde estaba acampado, situado aproximadamente a un kilómetro de donde se encontraba su hermano, el capitán Sinesio Walsh, Ángel del Sol y el resto de la tropa, pero que el ejército lo rebasó adentrándose en el monte para chocar con las fuerzas comandadas por los jefes guerrilleros.

Refiere Ramírez que era normal que las unidades insurgentes se dividieran en pequeños focos que acampaban cerca del campamento central, táctica que servía para evitar que todos fueran cercados y para impedir que el mando de la guerrilla fuera apresado.

Relata que la situación se puso muy difícil. Las fuerzas del gobierno disparaban todas sus armas incluyendo morteros, bazookas y granadas aparte del fuego de fusilería, mientras que por la parte rebelde había que contar las balas, la situación era tan dura, lo recuerda con pesar, que llegó un momento en que no pudo avanzar más para ayudar en la defensa del sitio donde estaba el estado mayor y se encontraba su hermano.

Marcelo consigue llegar hasta el Estado Mayor y encontrarse con su amigo y compañero, pero el fragor del combate les impide sostener una conversación. A fuerza de coraje y mucha suerte logran romper el cerco sin tener más bajas y después de alejarse del enemigo, Sinesio les reúne y les plantea que es necesario dividir la guerrilla para llamar menos la atención y poder escapar con más facilidad de los cercos.

Las fuerzas insurgentes se dividen en tres partes, una bajo el mando de Porfirio, la otra comandada por Rodolfo "Niño" Ramírez y la tercera dirigida por Sinesio Walsh. Sin embargo deciden permanecer en el área con una separación de poco más de un kilómetro para impedir ser localizados o delatados por algún traidor, como había sucedido en el "Amanecer".

Recuerda que después de encontrar el sitio para acampar se le acercó a Ramírez y le puso al tanto de lo que le había informado la enfermera, añade que le advirtió que el mensaje de Cabezas se confirmaba por la situación que estaban atravesando y que él creía que era necesario retirarse a tiempo.

Destaca que Ramírez le escuchó atentamente y le dijo firmemente en tono mesurado pero cargado de emociones "Yo voy a seguir luchando hasta el final, no me voy, eso no me ha pasado nunca por la cabeza, nuestro deber está aquí aunque nos cueste la vida". Dice Marcelo que le dio más detalles, que argumentó aún más su planteamiento pero que Porfirio cortó tajantemente la conversación y le dijo "Esto es hasta el final".

Vivian de Castro, conocida vedette y locutora se incorporó a la lucha contra el castrismo desde el primer momento. Conspiraba en la capital y una de sus actividades era conseguir casas de seguridad que servían para la protección de las personas que estaban huyendo o para esconder las armas y municiones que se conseguían.

Recuerda que ella ansiaba apoyar todo lo más posible a los que se estaban enfrentando al régimen con las armas, por lo que no puso reparos cuando se le indicó que en sustitución de una amiga que identifica como la China Lee, debía viajar a las montañas de Las Villas y coordinar futuras ayudas.

Dice que subió a un punto del Escambray el 3 de octubre de 1960 y que se entrevistó con Porfirio Ramírez. El encuentro fue en la casa de un campesino, en un lugar conocido como la Loma de la Paloma. La charla se extendió por un largo rato. Entre café y café, conversaron de Cuba, de los compromisos, de planes para el futuro pero más que todo, que la lucha había que llevarla hasta las últimas consecuencias. Refiere que desde el primer momento apreció que era un hombre de mucha dignidad y fuertes convicciones pero que a la vez estaba consciente de lo peligrosa que era la situación de los que luchaban en las montañas.

Zamora, Sinesio, Pomo, Rangel, Mejía, Eneidio Cruz

Indica Vivian de Castro que aquella fue la última noche que pasó en libertad en los diez años siguientes de su vida. Durmió en la casa del campesino donde se había celebrado la reunión. Se levantó temprano para sostener esa misma mañana un último encuentro con los guerrilleros en el que puntualizarían los detalles de la ayuda, pero en el momento en que los insurrectos se acercaron a la casa se inició un fuerte tiroteo que les impidió adelantarse.

Dice que cuando vio a los alzados huir por el monte intentó seguirlos pero que el joven que la había guiado hasta aquella casa la agarró por el pelo para impedir que corriera un mayor peligro. Recuerda que cayeron en el fango, que el tiroteo se intensificó pero que al final, a pesar de los esfuerzos fueron apresados y montados a la fuerza en un jeep del ejército que les condujo hasta Topes de Collantes. Con tristeza destaca Vivian que el joven que la había guiado hasta La Paloma intentó escapar un tiempo después y como en la fuga había muerto un militar, fue fusilado.

Las fuerzas del ejército estaban por doquier, desplazarse era prácticamente imposible y un nuevo enfrentamiento era inevitable por lo que en menos de 48 horas los guerrilleros son nuevamente cercados. Los insurgente apenas tienen con qué defenderse, llevan varios días sin ingerir alimento y con tan poco agua que apenas pueden calmar la sed.

Agazapados, sufriendo hambre y sed, se dan cuenta que el cerco se va estrechando por lo que deciden en la noche del segundo día correr los riesgos que sean necesarios para salir de allí y se preparan para "romper" por un sector que daba a un lugar llamado los Cuatro Vientos.

A las once de la noche, la vanguardia, formada por Carlos Marcelo, "Tomasillo" y otros guerrilleros se adelanta y abre fuego abatiendo a dos efectivos de avanzada del ejército. Recuerda Marcelo que fue el único que pudo cruzar porque la respuesta del enemigo fue tan contundente que Porfirio dio la voz de retirada para tratar de salvar a la mayor cantidad de hombres posible. Dice que lo curioso es que el enemigo no le hirió a pesar del fuego cerrado, que fue una ráfaga de la ametralladora de Tomasillo la que le lesionó a sedal.

Marcelo que se había quedado al otro lado del cerco logra pasar las líneas del enemigo esa misma noche y cuenta que el primero de los compañeros que vio fue a Fulgencio "El Jubo" Rangel quien le dijo asombrado, "Yo creía que te habían matado con todos esos tiros", inmediatamente se encuentra con Ramírez quien le abrazó con gran alegría y también le dice "yo pensé que te habían matado".

Esa misma noche lograron una vez más romper el cerco pero el contra ataque del enemigo resultó tan contundente que las fuerzas guerrilleras se disperon y perdieron el contacto con Porfirio.

Marcelo al percatarse de la situación y sin preocuparse del fuerte ataque del que eran objeto grita varias veces el nombre de Porfirio pero al no tener respuesta ordena a los hombres avanzar en busca de un lugar más seguro dentro del área y así esperar el amanecer para reunirse con el amigo y jefe.

En la mañana la situación estaba más calmada y junto al resto de la guerrilla, con los que se había reunido hacía unas horas, reinician la búsqueda de Porfirio. Recuerda que la exploración se extendió por lo menos por un par de días y que como tenía a un hombre con paperas, Aniceto Gómez Alba, tuvo que buscarle refugio en una de las cuevas de los alrededores.

Refiere Carlos Marcelo que la situación se agrava tanto que optan por acercarse a la casa de "Realito" para buscar refugio. Dice que ellos habían acordado una señal con el dueño de la casa para poder acercarse a la misma sin correr peligro, pero como ya era tarde, decidió avanzar hasta la casa y saltar la cerca que la rodeaba para caer en un emplazamiento de ametralladoras del ejército, cuenta que no sabe de donde salieron tantos guardias pero que de inmediato tanto él como sus compañeros fueron rodeados por el enemigo sin posibilidades de defenderse.

Rodolfo Ramírez, el hermano de Porfirio, gracias a su pericia y experiencia de hombre de campo logró burlar el cerco que estaba integrado por miles de efectivos. Señala que fue un milagro que pudiera escapar, porque el fuego era muy intenso y no disminuía. Cuenta que llegó a una finca de la zona donde un miembro de la familia le condujo hasta la ciudad de Cienfuegos y contactó con un amigo policía de nombre José Alonso, hombre de gran valor personal y mucha integridad, quien le ayudó a escapar de la zona y buscar refugio por unos días en la ciudad oriental de Holguín.

En Holguín Rodolfo Ramírez también se enteró por la radio que su hermano estaba siendo juzgado. Por ese mismo medio, unas horas más tarde, supo con extremo dolor que Porfirio había sido ejecutado.

Sin embargo refiere que cuando ellos se fueron para las montañas a enfrentar un régimen con las características del que se estaba estableciendo en Cuba todos sabían que la vida les pendía de un hilo y que el enemigo no tendría con ellos la más mínima consideración.

Recuerda que un amigo le informó que estando Porfirio detenido en Topes de Collantes[35] su señora madre pudo visitarle, pero que el comandante Félix Torres, uno de los jefes de operaciones en contra de los alzados en la región del Escambray cuando se enteró que Porfirio iba a tener visita se acercó al lugar e interrumpió el encuentro de la madre con su hijo que iba a ser ejecutado en menos de 48 horas y la emprendió con improperios contra la señora.

Gilberto Roche Vega se encontraba junto a Porfirio en Nuevo Mundo cuando se inicio el ataque final de las fuerzas gubernamentales, dice que aquello fue muy duro y que resistieron todo lo humanamente posible considerando que la mayoría de los hombres no tenían armas y que los que las portaban tenían que contar sus balas porque en aquellos momentos de vida o muerte, un disparo podía hacer la diferencia en poder continuar luchando por los ideales que les asistían, morir o ser capturado en el empeño.

Continúa relatando Roche Vega que Porfirio pudo evadir en un primer momento el estrecho cerco y escapar pero que unos días más tarde, no puede precisar cuantos, fue capturado por las fuerzas enemigas y conducido a la ciudad de Cumanayagua primero y después a la de Cienfuegos, para terminar el recorrido en Topes de Collantes, un hospital para tuberculosos que el nuevo régimen había convertido en

---

[35] *Un sanatorio antituberculoso construido por el gobierno del general Fulgencio Batista en la zona montañosa del Escambray. Se considera que era la instalación médica más grande y avanzada de su tipo en Cuba y América Latina. Una de las primeras medidas que tomó el régimen de Castro cuando inició las operaciones militares en el Escambray fue desplazar a los enfermos, situar allí batallones de milicias y del ejército y convertir parte del hospital en prisión. Decenas de presos aseguran que fueron torturados en sus instalaciones.*

prisión.

En el antiguo centro de salud se reunió con su amigo y compañero de armas de donde fueron trasladados hasta un centro de detención conocido como Cubanacán en las proximidades de Santa Clara. Refiere que Porfirio en ningún momento perdió su entereza de carácter, que siempre daba aliento e insuflaba confianza en el futuro entre los detenidos. Cuenta que en una ocasión le dijo "Negro, de seguro que nos van a fusilar a todos" y que le contestó con mucha calma y firmeza "No importa ya habrá quien saque la cara por nosotros".

Roche Vega dice con orgullo que compartía la almohada, dos pares de zapatos y el piso como colchón con Porfirio, que hablaron mucho y de diferentes temas y que su amigo nunca desfalleció ni se mostró preocupado por el futuro que les esperaba, que en su conducta y sus palabras su compromiso con Cuba y la responsabilidad del liderazgo asumido estaban presentes.

Cuenta que todos estos sucesos, enfrentamientos militares, arrestos y traslados entre los diferentes centros de detención ocurrieron de una manera vertiginosa. Y destaca que en el último sitio en el que estuvo con Porfirio hasta que se produjo el juicio fue en Cubanacán, porque una mañana lo llamó la policía política y lo trasladaron del lugar.

Amparo Posada, la viuda de Plinio Prieto, dice que poco después que la policía política supo que su esposo se había alzado en armas en el Escambray, una persona que ocupaba una importante posición en el gobierno y que era amigo de la familia le informó que la iban a arrestar junto a sus hijos para obligar a Prieto a entregarse. De inmediato, sin recoger pertenencias, fue para la casa de los padres de Plinio donde permaneció por muy poco tiempo ya que por razones de seguridad tenía que estar cambiando de residencia constantemente.

Recuerda que sus hijos a pesar de ser muy pequeños, 8 y 6 años respectivamente, estaban al tanto de la situación y que como medida extrema de seguridad le cambió el nombre a su hija mayor para evitar que alguien la reconociera. Destaca en su relato la solidaridad que le brindaron muchas personas, incluyendo algunas que habían estado vinculadas con el gobierno que Plinio ayudó a derrocar.

Estaba escondida en una casa en la playa cuando escuchó en la radio a uno de los locutores más populares de Cuba, de quien no recuerda el nombre, decir con mucho odio, "los jefes de los bandidos del Escambray han sido hecho prisioneros por las fuerzas del gobierno revolucionario". Aquello la impactó pero conservó la compostura y se arriesgó para ir hasta una casa próxima a preguntar si tenían el periódico y así poder informarse más, pero no lo consiguió.

Cuenta que pasó un largo rato hasta que llegó un vendedor de frutas y viandas con un carrito que detuvo cerca de su casa, situación que aprovechó para mientras le compraba algunos de los productos preguntarle qué había de cierto de que habían apresado a los jefes guerrilleros del Escambray. El vendedor le confirmó la información y entre los nombres que mencionó estaba el de su marido. Desde ese instante supo que su esposo sería fusilado, a la memoria le vino que Plinio poco antes de irse para las montañas le dijo que si lo apresaban sería ejecutado, que aparte de la lucha política entre él y Castro habían muchas diferencias y que este aprovecharía la oportunidad para asesinarle.

Dice el Rector, Pedro Oliver Labra que supo de la captura de Porfirio el 10 de octubre de 1960, día que estaba programada la inauguración de un comedor escolar para los niños de la escuela primaria anexa a la Universidad. Cuenta que según se acercaba al local que iba a ser inaugurado escuchaba voces infantiles que gritaban "Paredón, Paredón". Refiere que se acercó a los niños y que les preguntó que para quien o quienes pedían Paredón y que los pequeños no pudieron mencionar un solo nombre.

Terminado el evento se le acercó la persona que era vicepresidente de la FEU, por lo tanto el sucesor de Porfirio en el cargo, para cuestionarle algunos de sus planteamientos durante el acto, a los que respondió preguntándole que si estaba conciente que iba a ocupar la dirección de la Federación Estudiantil Universitaria porque la persona que había ocupado el cargo iba a ser asesinado legalmente. La respuesta del joven fue muy breve y precisa "Yo, no miro las cosas así".

Cuenta que ese mismo día se reunieron varios profesores y decanos para analizar cómo podían ayudar a Porfirio y se acordó remitir telegramas a las universidades de América Latina en los que se demandaba pidieran clemencia para el dirigente estudiantil. Redactaron los telegramas, los firmó y fueron enviados de inmediato.

Clara Ramírez, se encontraba en casa de sus padres en Iguará, cuando supo por la radio, en la voz del comandante William Gálvez, que su esposo había sido arrestado con otros guerrilleros en las montañas del Escambray. Recuerda que mencionaron todos los nombres y que a Porfirio lo identificaron también como el "Estudiante". De inmediato partió para la finca "San José" para encontrarse con, "Tila" la madre de Porfirio con la que tenía una relación muy estrecha. Dice que "Tila" cuando la vio llorando le preguntó qué sucedía y al contarle le respondió que eso no era posible, que recordara que el viernes había pasado por la finca un mensajero y les había dicho que todo estaba bien.

Señala que de inmediato le localizaron un chofer de alquiler de confianza que la llevó hasta el campamento militar de la sureña ciudad de Cienfuegos. Le informaron que era cierto, que todos los alzados habían sido arrestados pero que no estaban allí detenidos. De inmediato decidió ir a Topes de Collantes donde supuestamente estaban los insurgentes capturados.

Recuerda que cuando llegó a la base de la montaña tuvo que abandonar el vehículo y subir a pie los cientos de metros de una carretera que parecía una culebra trepando por la loma. A mitad de camino un grupo de militares que ascendía en un jeep se dirigieron a ella por su nombre y le preguntaron qué hacía allí y que les respondió 'sólo quiero saber si Porfirio, "El Estudiante", está entre los detenidos' a lo que le respondieron afirmativamente.

Decidió de inmediato regresar a Santa Clara en busca de la madre de Porfirio. En la finca se encontraba Angelina López, madre de un alzado que le decían "Pipo", que supuestamente también había sido hecho prisionero. De inmediato partieron para Topes de Collantes, allí le repitieron que podía subir pero que tenían que hacerlo a pie lo que sin pensarlo las tres mujeres iniciaron el ascenso de la tortuosa vía. Recuerda que ella era muy joven, que tenía mucha energía, pero que la madre de Porfirio, que era una mujer admirable en todos los sentidos, sin pensar el esfuerzo que demandaría aquel ascenso lo inició de inmediato. La otra señora con igual entereza también se sumó a la empresa.

Tenían recorrido un largo trecho cuando se apareció otro vehículo rústico y uno de los militares le preguntó con sorna que para donde iban, a lo que le respondió que ella era la esposa del estudiante y que tenían la intención de verlo. Señala que el individuo con tono despectivo les dijo que se iban a demorar bastante en verlo y continúo la ruta, sin embargo después de avanzar una distancia considerable se detuvieron y les dijeron que subieran al jeep.

Cuando llegaron a la entrada del antiguo sanatorio recuerda que el lugar estaba en puro desorden. Una gran cantidad de militares sucios, descuidados, vestidos con diferentes uniformes y en ocasiones a medio vestir. En la puerta de entrada había una posta, se les presentó y les dijo con mucha firmeza su nombre y la razón por la que había llegado hasta allí. La respuesta fue rápida y breve, la enviaron a otro lugar donde encontró un militar que aparentemente estaba en Collantes para interrogar a los detenidos.

El oficial se llamaba Angle Sotomayor a quien conocía, pero que aparentemente no la identificó. Le dijo que no podía ver a Porfirio porque este no había hablado, a lo que ella le respondió que le permitiera escribirle en el reverso de una foto en la que estaban ella y el niño de ambos, cuando había cumplido un mes de nacido. El mensaje fue breve, le pedía que declarase, a la vez que le afirmaba que era una sorpresa para ella que estuviese preso. El militar regresó con un supuesto mensaje de Porfirio que no quería ver a nadie, pero dice que ella estaba segura que todo era una maniobra de la seguridad del estado para desesperar a los familiares de los presos.

Regresó al lugar donde estaba la madre de Porfirio y la otra señora para decirles cual era la situación. En ese momento entró un jeep con varios militares que portaban fusiles, entre ellos un oficial que se bajó del vehículo con mucha autoridad y preguntó con mucho desprecio quienes eran las mujeres que allí se encontraban. Dice que se dio cuenta que era Roberto González, el íntimo amigo de Porfirio y de la familia, pero como éste no las había saludado, tanto ella como la madre del líder estudiantil optaron por asumir la misma actitud, consciente que el amigo estaba planeando algo.

La respuesta de los custodios a González fue que eran familiares de un preso que venían a visitarle pero que estaba prohibido a lo que González exclamó, "Que entren conmigo, que esta noche los vamos a fusilar, que los vean". Señala que cuando trataron de impedirles que entrara con ellas Roberto González se le encaró a los militares y les dijo que venían de La Habana y las dejaran pasar.

Según Clara, gracias al desorden, a la evidente falta de control y a la ausencia de una autoridad concreta con órdenes definidas pudieron entrar. Iniciaron el recorrido por un largo pasillo. Pasaron frente a una celda donde Roberto, que seguía actuando como que no las conocía, se detuvo un instante. Allí se encontraba varios presos, entre ellos Porfirio, y los otros jefes de la causa del Escambray, pero ella no se dio cuenta de lo que estaba pasando.

Dice que las condujeron hasta un pequeño salón donde solo había dos pequeñas columbinas sin colchón. El salón se llenó de militares que no portaban armas y algunos se le acercaron para decirles que eran los que habían capturado a Porfirio.

Transcurrieron unos pocos minutos hasta la entrada en la habitación de Porfirio Ramírez. Recuerda que era un hombre alto, 6 pies una pulgada y que le vio muy delgado, quizás no llegaba a las 150 libras de peso. Los huesos del rostro y del resto del cuerpo estaban muy pronunciados. Le habían pelado al rape. La ropa que traía estaba ensangrentada, le quedaba muy grande, al extremo que se la ataba con una especie de arique. Recuerda que entró arrastrando los pies, pero con el pecho y la cabeza erguida. Evidentemente estaba exhausto por la pésima alimentación y los días que había estado huyendo sin ingerir alimentos, pero aun así, afirma Clara, miraba de frente y sin pestañear, no se quejaba, y cualquiera podía apreciar que aquel hombre, a pesar de las dificultades y de lo complicada de la situación conservaba toda su dignidad y entereza de carácter.

Insiste Clara que los pocos minutos que Porfirio permaneció con ellas no le vio flaquear. Agrega que evidentemente su espíritu estaba alimentado con las fuerzas de sus ideales al extremo que cuando la abrazó y le dijo en voz baja que su hermano había podido escapar del cerco, Porfirio, conciente que podían estar oyéndolos y para protegerla, le decía, "Háblame de mi macho". Recuerda que el abrazo fue muy estrecho y fuerte, que quedaron mirándose fijamente por unos instantes y que le repetía la misma frase, porque aparte de que estaba ansioso de saber de su hijo, estaba seguro que alguien estaba escuchando la conversación. Apunta que allí también le besó con extrema delicadeza en la frente, tal y como había hecho el día que había parido a su hijo, pero este fue el beso de la despedida.

La madre de Porfirio se acercó, le besó y con mucha ternura le pidió que se cambiara de ropa, para lo que le dio un pequeño paquete que contenía ropa interior, camisa y pantalón. Dice que Porfirio que sentía por su madre un gran amor le dijo que no se preocupara por eso, que debían aprovechar el tiempo que estarían juntos, pero que al insistir la señora en que se aseara, para lo que le dio una pequeña toalla de su hijo, y se vistiera con ropa limpia, decidió complacerla y regreso para cambiarse de ropa.

En el momento en que Porfirio entraba a su celda, recuerda Clara, se escuchó una exclamación cargada de furia y odio, "Quien Carajo sacó al desgraciado ese que no tiene madre, ese no tiene madre, lárguense todos de aquí".

Inmediatamente, el que gritaba, el comandante Félix Torres, uno de los verdugos de Porfirio, se percató de su presencia y le preguntó qué hacía en ese lugar para de inmediato darle la espalda. Dice que no se amilanó, que reaccionó cayéndole atrás y que le decía insistentemente a la vez que trataba de detenerlo: "Félix, no me lo dejes ver a mí, pero deja que su madre lo vea". Torres le contestó con otro improperio, entró a una habitación cuya puerta se cerró de inmediato y que golpeó hasta que la expulsaron del lugar.

Apunta Clara Delgado que las penas y las angustias no terminaron en Topes de Collantes porque cuando subieron al automóvil que las transportaba para la finca, escucharon al locutor radial José Pardo Llada que exhortaba al pueblo de Cuba y al estudiantado en particular a que reclamaran la pena de muerte para el "Estudiante", por traidor al pueblo y a la revolución. Dice que en el programa intervino el comandante Rolando Cubelas, que a la sazón era presidente de la Federación Estudiantil Universitaria, para pedir también la muerte de Porfirio.

Refiere Roberto González que a su regreso a Santa Clara fue a ver a un fiscal revolucionario a quien conocía de nombre Humberto Jorge[36] para pedirle apoyo y que éste le contestó que no iba a actuar en el caso porque le unía a Porfirio y su familia una gran amistad. Cuenta que el individuo le recomendó que pasaran muchos telegramas a las autoridades soliviantando clemencia para el dirigente estudiantil.

De la casa del fiscal Jorge fueron a ver un abogado conocido como "Espinosita", quien se negó a defender a Porfirio planteando que le detendrían en cuanto concluyera el juicio. Más tarde fueron a casa de "Pepito" Asencio, quien con otras palabras expresó lo mismo que el letrado anterior, pero les sugirió que hablaran con el doctor Pascual Álvarez que vivía en la ciudad de Camajuaní.

El doctor Álvarez les recibió tarde en la noche y asumió con entereza y entusiasmo la defensa de los acusados. Cuenta que el hombre dijo que estaba dispuesto a correr los riesgos que fuesen necesarios para cumplir con su deber. Después de conversar les presentó a su hija que había estudiado con Ramírez en la Escuela de Comercio, la muchacha expresó que se sentía orgullosa por la decisión tomada por su padre.

Dice González que a la vez que buscaba apoyo legal para Porfirio, contacto con varios amigos entre los que estaban Idalberto Sánchez, Mario Ramírez y varios compañeros de armas de Sinesio Walsh que todavía estaban activos en las Fuerzas Armadas, organizaron acciones para rescatar a los presos. Uno de estos proyectos consistía en atacar el autobús que supuestamente iba a trasladar a los acusados desde el hospital-prisión de Topes de Collantes hasta la ciudad de Santa Clara donde se iba a celebrar el juicio. El intento consideraba las variantes de que el traslado se produjera vía Cien-

---

[36] *Humberto Jorge fue uno de los fiscales más sanguinarios con que contaron los Tribunales Revolucionarios de Las Villas. Es responsable de la ejecución de numerosas personas.*

fuegos, por lo que atacarían en el punto donde se conectaba la vía que conducía a Santa Clara, pero de ser por Manicaragua, asaltarían el transporte entre Mataguá y Seibabo, cerca de la línea de ferrocarril. El plan fracasó porque las autoridades organizaron el traslado en el máximo secreto y con extrema rapidez.

Sinesio Walsh Ríos

De izquierda a derecha, entre otros guerrilleros. De pie: Eusebio Peñalver, Mazorra, Zamora, Eneido Cruz, Gilberto Roche Vega. En el frente: Carlos Marcelo.

Eusebio Peñalver y Joaquín Membibre

La Tragedia

Cuenta Clara Ramírez que encontraron en la finca San José a muchas personas. Todas interesadas por saber de Porfirio, algunos eran amigos conocidos, otros se podía sospechar que eran partidarios del régimen que venían para husmear. Dice que de inmediato, una finca en la que se criaba pollo que estaba frente a la San José se llenó de militares.

Había muchos rumores sobre el día del juicio y sobre el lugar en que se iba a realizar pero que no había información concreta hasta que el doctor José Manuel García, un médico al que le decían "Bebo", amigo de Porfirio que también estaba conspirando, les dijo que fueran para Santa Clara a la iglesia La Pastora, que allí iban a informar donde se celebraría el juicio.

Recuerda que sin perder tiempo partió para la iglesia en compañía de "Tila" y unos tíos de Porfirio de nombre Aurelia y Rogelio. En el lugar había muchas personas, algunas conocidas, pero que no tenían porqué saber donde se iba a iniciar el proceso judicial. Considera que aquella reunión fue más bien una maniobra del gobierno para alejar a ciertos sectores de la población del regimiento Leoncio Vidal donde en minutos iba a iniciarse el juicio.

Apunta que estaba con un grupo de personas frente a la iglesia cuando pasó el comandante Rodolfo de las Casas, "Casita" y le preguntó porqué estaba en ese lugar. Su respuesta fue formularle la una invitación de que subiera al vehículo para que no llegara tarde al juicio.

El regimiento Leoncio Vidal estaba lleno de militares y público, y el área próxima al teatro que iba a ser la sala donde se juzgarían a los acusados estaba acordonada con militares fuertemente armados, acompañados por algunos de los jerarcas más importantes del gobierno en la provincia de Las Villas. Señala que cuando llegaron al cordón de seguridad Rodolfo de las Casas intentó pasarla para que entrara a la sala sin considerar que ella estaba acompañada por muchas más personas también a la espera de un permiso para ingresar al anfiteatro.

Se negó a pasar sin los familiares de Porfirio lo que molestó a "Casita" quien dijo que había que poner orden y que solo entraría un familiar por cada uno de los "traidores" del Escambray que fuera procesado. Dice que se viró para "Tila" y le dijo que entrara ella pero que le contestó que no, que le correspondía a ella por ser su esposa. Cuenta que agarró a la madre de Porfirio de la mano y al resto de sus familiares, atravesó el cordón y ante la protesta de Pérez Roca, el comandante "Nicaragua" contestó, deja que haga lo que le de la gana. Recuerda que después de pasar el cordón, un oficial ordenó que fuera retirado y que entraran quienes quisieran.

Cuando entró a la sala se dio cuenta porqué Carlos Iglesia Fonseca "Nicaragua" le había dicho que se sentara con ellos y era porque los militares y partidarios del gobierno estaban situados en las sillas que ocupaban el centro del local, en el sector de la izquierda los presos y en el otro, muy distante de los procesados, sus familiares. Apunta que un sicario al que todos le decían "Chaca -Chaca" y José García Beltrán, le insistían que se sentara con ellos pero que siempre rechazó la invitación.

Recuerda Clara que las dos sesiones del juicio se las pasó mirando para donde estaba Porfirio pero que en ningún momento se cruzaron sus miradas, que todo el tiempo se lo pasó con la cabeza erguida y con la vista fija puesta en el tribunal que le juzgaba. Señala que la primera vez que vio a Vivian de Castro fue cuando subió al estrado a declarar y que nunca podrá olvidar el valor y la dignidad que mostró durante todo el proceso. Refiere que retaba al tribunal, que los calificaba de ineptos y le reclamaba que buscaran evidencias de lo que la acusaban.

La primera sesión terminó y el "teatro" fue evacuado. A la salida, cuenta Clara, había varios autobuses estacionados para transportar a los presos por lo que decidió permanecer en el lugar a pesar de las presiones de las autoridades para que se fueran. Después de un rato no quedó otra alternativa que regresar a la finca donde encontraron a una gran cantidad de personas entre las que se apreciaban estudiantes amigos de Porfirio, militares uniformados y carros del ejército y de la policía. Recuerda que varias personas se dirigieron a ella porque querían contarle alguna anécdota que habían compartido con Porfirio, pero que no escuchaba a nadie, estaba profundamente preocupada por la situación de su marido.

El 12 de octubre, continúa el doctor Oliver Labra su relato, cuando llegó a su casa como a las 12 del mediodía se encontró que estaba esperándolo el chofer de un vehículo de la Universidad que le informó que lo estaban llamando desde La Habana. Cuenta que de inmediato fueron a la central telefónica, llamó a La Habana y al otro lado de la línea estaba el capitán Antonio Núñez Jiménez, quien había sido su compañero de estudio en la Universidad de La Habana. Refiere que el capitán con una falsa cordialidad le dijo, "Pedrito, Fidel te ha estado esperando como una hora, qué pasa, por que estás tan excitado y creando una situación tan anormal cuando este es un problema que se va a resolver y no tiene importancia, que se va a resolver con sanciones a prisión y no por muchos años". A estas palabras respondió que la situación en Santa Clara estaba muy tensa, que no creía que todo fuera tan sencillo por lo que Núñez Jiménez le sugirió que se entrevistara con el Fiscal a cargo de la causa.

Fue hasta la sede del regimiento Leoncio Vidal donde se celebraba el juicio y se encontró con varios familiares de los procesados a los que les informó, para que estuvieran más tranquilos, lo que había dicho Núñez Jiménez. De allí siguió directo a la sala del juicio, le informaron que el fiscal estaba durmiendo, a lo que hizo caso omiso y le dijo al oficial a cargo que tenía necesidad de entrevistarse con el acusador público. El oficial le dijo que no molestara, que la sentencia estaba decidida, que las órdenes venían de arriba y que iban a ser ejecutados, agregando que no hiciera más llamadas por teléfono a La Habana y que se desatendiera de la situación porque a pesar de su posición podía seguir el camino de los que estaban siendo juzgados.

Apesadumbrado fue a casa de un amigo que había ocupado la posición de director de Enseñanza de la provincia de Las Villas y llamaron a Núñez Jiménez. Una vez más le expuso la situación, lo crítica que estaba desde su punto de vista, a lo que el capitán le contestó que se mantuviese en la línea que iba a hablar con Fidel Castro. Cuenta que escuchó una conversación pero que no puede decir quien era. Cuando esa charla terminó Núñez Jiménez le dijo que fuera para la casa, que en menos de quince minutos llegaba un mensajero a la ciudad con todas las instrucciones y que podía estar tranquilo.

José Prieto, hermano de Plinio, pudo asistir al juicio con la hermana de ambos, Ileana. Recuerda que la cantidad de personas situadas frente al teatro era sorprendente, lograron entrar a la sala porque fueron virtualmente empujados por aquella multitud que por diferentes motivos se había concentrado en el lugar.

Opina que era fácil darse cuenta de que todo había sido montado precipitadamente, porque la desorganización en la sala era evidente. El escenario, según su descripción, era amplio y en uno de sus extremos estaba ubicada una mesa en la que se habían sentado varios oficiales del ejército, que fungían como tribunal. Refiere que los presos, que ingresaron a la sala unos minutos después, fueron sentados en un extremo del anfiteatro y llamados a declarar al estrado individualmente. No tuvo oportunidad de acercarse a su hermano o simplemente intercambiar algunas palabras, aunque fuera a la distancia.

Considera que todo fue un espectáculo donde las estrellas eran el presidente del tribunal y los que estaban a cargo de la acusación. El proceso estuvo cargado de ofensas y diatribas todo el tiempo, las acusaciones se resumían en la palabra traición y las pruebas en las convicciones que tuviera el tribunal sobre la culpabilidad de cada acusado. Sin embargo afirma, que nunca pensó que dictarían sentencias de muerte, esa dolorosa realidad no pasó por su mente en ningún momento.

Cree que el gobierno organizó una especie de celebración de su poder y capacidad de convocatoria popular, que a la vez servía de circo a sus partidarios. Considera que otro objetivo era comprometer a la población que estaba muy desinformada con el proyecto y hacerle creer a la opinión pública que todo respondía a un plan que se había originado en el extranjero.

José A. Palomino Colón, un ex-militar, fue uno de los cinco jefes guerrilleros fusilados en La Campana, el 13 de octubre de 1960.

Refiere la señora Ana Rivero, que le unía a la familia Ramírez una gran amistad al extremo que su boda con Carlos Marcelo se celebró en la casa de estos y que aunque desconocía si su esposo estaba preso, acompañó ese día muy temprano en la mañana a los familiares de Porfirio y de otros que sí se sabía iban a ser procesados. Cuenta que se pararon frente a las puertas del teatro convertido en tribunal y que aunque ellos eran cientos se apreciaba la gran cantidad de miembros de la policía política y soldados armados con fusiles que estaban en los alrededores, pero que lo peor era el populacho enfurecido y amenazante que no cesaba de gritar paredón y acusar de mercenarios a los que iban a ser juzgados.

El régimen no llevó a juicio a todos los alzados y colaboradores que habían sido capturados en las montañas del Escambray, porque evidentemente el proceso tenía como único objetivo intimidar y asustar a aquellas personas que estaban poniendo reparos a la penetración comunista y a los continuos abusos de las autoridades.

En el juicio las autoridades mezclaron personas que habían sido arrestadas en diferentes ocasiones y que no tenían vínculos de ninguna especie y otras que sí podían haber sido enjuiciadas, fueron trasladadas hasta la prisión de Isla de Pinos donde purgaron años de prisión antes de ser llevados a juicio. Un grupo[37] de estos hombres fue sacado de la prisión de Islas de Pinos y ejecutados tres años después, en un lugar del Escambray.

El espurio proceso judicial, ya las condenas estaban decididas tal y como ha sucedido en todo los procesos de la época y ha continuado ocurriendo después, tuvo lugar en el teatro del regimiento Leoncio Vidal, entre el 11 y 12 de octubre de 1960. Más de un centenar de personas fueron juzgadas, entre ellas, dos mujeres.

---

[37] *Centenares de hombres acusados de haber colaborado con las guerrillas que operaron en el Escambray, fueron trasladados para el Reclusorio de Isla de Pinos, sin haber sido sometidos a juicio. Un día de junio de 1963 fueron llamados y trasladados para la provincia de Las Villas y sin que se efectuase ningún proceso judicial.*

Los presos Macario Quintana y Aquilino Zerquera fueron fusilados el 11 de junio en Manaca Iznaga. Dos días más tarde fueron masacrados en la finca La Ceiba, también en el Escambray: Lister Álvarez López, Pablo Beltrán Perdomo, José Iznaga Beltrán, Zenen Bercourt Rodríguez, Carlos Brunet Álvarez, Carlos Curbelo del Sol, Alfredo Fernández García, Zacarías García López, Ramón García Ramos, Orlando González López, Alejandro Lima Barzaga, Nando Lima, Blas Marín Navarro, Francisco Martínez Zúñiga, Roberto Montalvo Cabrera, Ignacio Zúñiga González, Ruperto Ulacia Montelier, Alejandro Toledo, Blas Rueda Muñoz y Ramón Pérez Ramírez.

Dice Gilberto Roche Vega que su encuentro con Porfirio el día del juicio fue muy emotivo, que recibió de parte de su amigo un fuerte abrazo como para inyectarle fuerza y valor para enfrentar cualquier decisión del tribunal.

Señala que el lugar estaba atestado de personas, incluyendo muchos familiares de los procesados entre los que se encontraban sus padres y que recuerda como su señora madre sin pensar en los guardias que le rodeaban pudo llegar hasta él y darle un abrazo fugaz que fue cortado por los custodios en cuanto se dieron cuenta de lo que estaba ocurriendo. Agrega que familiares de Porfirio, su mamá en primer lugar, estaban también en la sala donde serían juzgados.

Recuerda que el proceso consistió en una constante diatriba contra ellos y que todo el tiempo los fiscales trataron de injuriarlos y restarle fuerza moral a la lucha que habían protagonizado. Sin embargo los momentos más difíciles, que afirman permanecen indelebles en su memoria, fueron aquellos en que tanto los fiscales como el tribunal atacaban en particular a uno de los acusados. El ensañamiento contra algunos de los procesados llegaba a tales extremos que hacía temer que el final para aquellas personas iba a ser trágico. El temor se confirmó cuando la fiscalía hizo pública la petición de pena de muerte para cinco de los procesados.

Dice que en el momento en que se suspendió el juicio, Porfirio le miró y no apreció en su rostro la más mínima alteración, a pesar de que era uno de los que tenían petición de pena de muerte. Cuenta que permanecía tranquilo y que en todo momento supo controlar sus emociones. Continúa diciendo que Porfirio asumió su responsabilidad con mucho coraje, aunque estaba conciente que en pocas horas sería su cita con la muerte.

Apunta el declarante que inmediatamente después de la suspensión del proceso fueron separados de los cinco compañeros a los que la fiscalía les pedía pena de muerte y trasladados para la prisión del Castillo del Príncipe en La Habana. No supo más de ellos hasta que le llegó la noticia que habían sido ejecutados la misma noche que el juicio quedó concluso para sentencia.

Vivian de Castro dice que conoció a Gloria Argudín en la cárcel de Santa Clara y que juntas fueron juzgadas. Los dos días que duró el juicio no les dieron alimentos y apenas podían beber agua. Reitera que todo el proceso fue una farsa y que les acusaban de cualquier cosa que se le ocurriera al tribunal. Señala que el fiscal se ensañó con ella y con Gloria, que las acusaba de prostituta y de no querer a su país y que ella sintió durante todo el juicio una gran pena por aquellos hombres que decían defender un ideal cuando en realidad lo que hacían era denigrar a Cuba con su conducta.

Refiere que cuando se suspendió el juicio para dictar sentencia al día siguiente los cinco compañeros a los que le solicitaban pena de muerte fueron separados del grupo, que no pudieron despedirse de sus propios compañeros y menos de sus familiares. Describe el momento como desgarrador, extremadamente fuerte pero que ninguno de los cinco se quebró, que todos se mostraron firmes y dispuestos a enfrentar a su destino.

Gloria Argudin recuerda los días del juicio con total claridad. Refiere que los presos fueron llamados para que declararan individualmente y que todos se portaron con mucha entereza a pesar de que sabían los actos de crueldad de que eran capaces sus carceleros. Dice que estaba un poco alejada de los cinco hombres a los que les pidieron pena de muerte pero que en ningún momento les vio flaquear. Que tiene bien presente que cuando el juicio fue suspendido para dictar sentencia al día siguiente, Porfirio, Sinesio, Plinio, del Sol y Palomino le pasaron por el lado bajo la vigilancia de varios militares, recuerda que los vio de muy cerca, que estaban firmes y dispuesto a enfrentar lo que le designara el destino.

El 12 de octubre la entrada a la sala del tribunal no estuvo tan complicada como el día anterior. Había menos personas y según Clara Delgado para ingresar simplemente había que decir que se era familiar de uno de los procesados. Ese segundo día fue cuando hablaron varios oficiales del ejército. Señala que Félix Torres fue el más sádico, una especie de chacal y que de todos los acusadores fue el que se ensañó con Porfirio. Le acusó de muchas cosas, intentó desacreditarlo ante el público con decenas de calumnias y al final lo marcó como el responsable de la muerte de un sobrino suyo que había caído en combate. Sabe que otros hablaron, pero que Torres les superó en maldad y odio.

Cuando concluyeron los alegatos se suspendió el juicio para dictar sentencia al día siguiente. Afirma que no esperaban una sentencia de muerte y menos que el proceso no se reiniciase al otro día, tal y como había informado el presidente del tribunal.

Clara, opina que el juicio fue un simple espectáculo, que todo estaba decidido y que el hecho de no reiniciarse el proceso pudo derivarse de los incidentes que habían ocurrido ese día en varios lugares de la ciudad de Santa Clara por lo que el régimen decidió apresurar una decisión que ya estaba tomada; también piensa que es posible que haya sido una decisión de Félix Torres en su condición de jefe militar de la provincia.

Recuerda José Prieto que ya el juicio duraba varias horas cuando el presidente del tribunal, Claudio López Cardet se puso de pie, pidió silencio y dijo que harían un receso de 24 horas y que al día siguiente en el mismo lugar y hora se dictaría sentencia, lo que no ocurrió. Apunta Prieto que junto con su hermana salió del salón rumbo a la casa de un familiar a esperar que se reiniciara el proceso tal y como había anunciado el tribunal.

Roberto González que había estado involucrado en todo el proceso conspirativo tenía tanta confianza en la valentía de sus amigos que no solo subió a Topes de Collantes sino que asistió al ilegítimo juicio. Allí permaneció todo el tiempo y solo salía para informar a los familiares que no habían podido entrar cómo marchaban las cosas. Recuerda la entereza de todos los presos, en particular la de los seis hombres que estaban sentados en la primera fila y que todos suponían iban a recibir la mayor condena.

Ana Rivero se enteró por Roberto González, que había podido entrar a la sala donde funcionaba el tribunal, de que su esposo estaba preso en Topes de Collantes y por el mismo González conoció de que pedían pena de muerte para varios de los acusados. Recuerda que varias horas después partió para la iglesia del Buen Viaje donde un grupo de estudiantes indefensos eran atacados furiosamente por partidarios del gobierno que contaban con el apoyo de la policía y del cuerpo del G2.

Señala que los familiares de los condenados tenían un resquicio de esperanzas porque el juicio había quedado concluso para sentencia, pero que previamente se había dicho que los sentenciados podían apelar su dictamen, sin embargo, esa misma noche, sin que mediara explicación legal o humana, fueron conducidos en un autobús a la finca de La Campana, cerca de Manicaragua y ejecutados.

Luis Albertini, tenía en octubre de 1960 quince años de edad y cursaba el segundo año de bachillerato en el Instituto de Segunda Enseñanza de la ciudad de Santa Clara. Hacía muchos meses que estaba disgustado con lo que estaba ocurriendo en el país y en las últimas semanas se había incorporado a un grupo de la resistencia que operaba en el centro de estudios.

Recuerda que la captura de Ramírez fue un suceso que conmocionó al estudiantado en general, ya que ni los partidarios del gobierno ni los opositores al mismo, podían estar ajenos al acontecimiento. Recuerda que las autoridades de los centros de estudios y los dirigentes estudiantiles, salvo contadas excepciones eran furibundos partidarios del régimen, empezaron una campaña de intimidación contra aquellos que no manifestaban sus simpatías hacia el gobierno, pero en particular enfocaron la represión contra los estudiantes que expresaban libremente sus opiniones o que por su conducta habían deducido que estaban conspirando.

Refiere Albertini que en principio fue un rumor de que el presidente de la Federación Estudiantil Universitaria iba a ser fusilado junto a otros guerrilleros, pero que en muy pocas horas la triste noticia se confirmó por lo que un nutrido grupo de estudiantes de diferentes centros de segunda enseñanza, de la Juventud Católica y de la Universidad acordaron reunirse en la iglesia del Buen Viaje y recorrer las principales calles de la ciudad reclamando que la vida de todos los procesados fuera respetada.

Como la protesta fue espontánea y no tenía ningún carácter conspirativo no fue difícil para las autoridades conocer lo que se estaba planeando por lo que tomaron medidas preventivas como llamar a los potenciales participantes y advertirles que sabían lo que se estaba tramando y que los que participaran serían sancionados.

Estas advertencias, dice Albertini, surtieron efecto, porque muchos de los que se habían comprometido no fueron a la iglesia por lo que al gobierno le fue mucho más fácil reprimir con extrema violencia el acto contestatario.

Recuerda Albertini que pudo ingresar a la iglesia con un reducido grupo de personas ya que minutos después el edificio fue rodeado por una turba de hombres enfurecidos y armados con bates y cabillas de hierro que habían sido transportados en camiones del gobierno y liderados por seudos dirigentes estudiantiles como José García Beltrán "El Curita", y otros, entre los que se encontraba uno conocido como "El Curro" y otro como "El Morito". Aquella turba no cesaba de amenazar y golpear a todos los que se acercaban al lugar.

Desde el interior de la iglesia se podían escuchar palabras ofensivas y amenazas de muerte, los gritos eran ensordecedores y salir del recinto imposible, por lo que se determinó que las pancartas que se habían pintado con consignas como "NO, al fusilamiento" debieron ser destruidas para que cuando la policía entrara al edificio no pudiera acusar a nadie de conspiración o involucrar a los sacerdotes en un acto contra el gobierno.

Como la situación se extendió por varias horas y era imposible entrar o salir y en cada minuto que transcurría se apreciaba que el populacho, que el gobierno había envenenado con consignas, se estaba volviendo incontrolable, varios agentes de la seguridad del Estado ingresaron a la iglesia para buscar una solución a aquella insubordinación. Dice que los protestantes se dividieron, unos aceptaron negociar con las autoridades, otros se refugiaron en la sacristía y permanecieron allí toda la noche y unos terceros, entre los que estaba él, escaparon del lugar corriendo todos los riesgos que de tal acción se derivaba.

Para Albertini el negarse a negociar casi le resulta fatal. Cuando salió de la Iglesia tomó la calle del Buen Viaje rumbo al parque Leoncio Vidal y apenas había caminado dos cuadras cuando dos tipos corpulentos se le echaron encima y le dieron una golpiza de grandes proporciones. Para su suerte habían dos miembros de la seguridad del estado contemplando impasibles lo que estaba ocurriendo pero cuando se percataron que el abuso iba a salirse de lo que ellos habían programado le dijeron a los tipos que cesaran la paliza.

Idalberto González también participó de las protestas y fue testigo de la brutal golpiza que le propinaron a Luis Albertini. Refiere que estaba en las proximidades del edificio religioso cuando varios camiones que transportaban numerosos obreros llegaron al lugar y empezaron a golpear con diferentes objetos a los manifestantes. Cuenta que fue un acto brutal, en el que no había mediado ninguna provocación. Dice que los individuos, dirigidos por José García Beltrán y uno conocido como el "Buho" Anido, habían llegado con instrucciones claras de atacar a los que protestaban y que así lo hicieron. Él pudo escapar de los golpes de puro milagro, porque encontró refugio en la iglesia.

Cuenta Paulino Fernández que cuando se conoció que le iban a hacer un juicio en el teatro del antiguo regimiento Leoncio Vidal a Porfirio y al resto de los alzados que habían sido apresados en el Escambray, un numeroso grupo de estudiantes de diferentes centros de estudios organizaron una manifestación espontánea en la ciudad de Santa Clara para exigir que la vida de Porfirio y de sus compañeros fuese respetada.

Recuerda Fernández que el punto de reunión fue la iglesia católica del Buen Viaje y que de ahí iban a recorrer las calles más importantes de la ciudad clamando respeto a la vida de los prisioneros pero que tal acto fue imposible de realizar porque en minutos la iglesia quedó rodeada por decenas de camiones del ministerio de la Construcción que transportaban a decenas de trabajadores armados con palos, cabillas y otros objetos contundentes. Aquellos hombres habían sido convocados y exhortados a atacar con violencia cualquier expresión que disintiera de la voluntad oficial y cumplieron con toda dedicación las órdenes recibidas porque golpearon con suma crueldad a numerosas personas sin hacer distinción de sexo o edad.

Roberto Jiménez que se había enterado de la captura de Porfirio Ramírez por su amigo y compañero de lucha Orlando "Cuco" Moro, recuerda que se encontraba en el recinto universitario el día que se efectuó el juicio y que fue allí donde se enteró que un nutrido grupo de estudiantes estaba protagonizando en la iglesia del Buen Viaje un acto en respaldo a Porfirio Ramírez y en demanda de que ninguno de los acusados fuese fusilado.

Refiere que partió para la iglesia junto a José González "El Puchi" Silva y cuando llegaron muchos manifestantes se habían ido pero que todavía quedaba un pequeño grupo que se había refugiado en el edificio religioso, no habían podido salir porque una turba vociferante les amenazaba con golpearles por haber traicionado la Revolución. Cuenta que aún desconoce cómo aquella envilecida multitud permitió que junto a Silva entrase a la Iglesia y sacasen por la puerta trasera del edificio a las pocas mujeres que allí se habían escondido.

Jorge Carrodeguas, también estudiante universitario cuenta que la captura y posterior condena a muerte de Porfirio R. Ramírez Ruiz fue un golpe muy duro. Refiere que varias personas que estaban contra el gobierno, se citaron en la iglesia del Buen Viaje, para partir hacia el parque Leoncio Vidal en señal de protesta. Dice que estando en la iglesia fueron rodeados por partidarios del gobierno, la mayoría obreros y empleados del ministerio de Obras Públicas, quienes gritando "Paredón, Traidores" la emprendieron a golpes contra los manifestantes sin considerar las numerosas mujeres que se encontraban entre ellos. Dice que varios sicarios del gobierno entraron a la iglesia atacando a los que allí se encontraban, entre ellos, algunos que se encuentran en la actualidad exiliados en Miami.

Dice que pudo salir gracias a un amigo de nombre Machado que le llevó hasta el Colegio Salesiano donde los sacerdotes Bandor y Jorge Durewil le protegieron hasta que pudo irse. Considera que el incidente de la iglesia del Buen Viaje afectó negativamente a la resistencia porque muchos jóvenes desertaron de la lucha y otros decidieron abandonar el país definitivamente.

Según Idalberto Sánchez, junto a Mario Ramírez y otras personas participó en las primeras demostraciones de solidaridad con Porfirio y los otros presos. Uno de los actos más importante tuvo lugar en la iglesia del Buen Viaje pero que también se hicieron manifestaciones a favor de que respetaran la vida del dirigente estudiantil en la iglesia

La Pastora. Cuenta que esta manifestación estaba liderada por Clara Delgado, la mujer de Ramírez, quien en todo momento estuvo al frente de las demandas a favor de su esposo. En esta protesta fue cuando le advirtieron a Clara Delgado que si no buscaba la forma de que cesaran las manifestaciones, le quitarían al hijo de Porfirio.

Destaca Sánchez que previo a estas manifestaciones se habían organizado recogidas de firmas en la Universidad, Escuela de Comercio y otros centros de estudios en demanda del respeto a la vida del líder estudiantil y que esta gestión la habían en encabezado Irelio Valdez y Gil Ascunce.

Rogelio W. Cisneros, conocido entre sus compañeros de conspiración como "Eugenio", en el momento de la captura de Porfirio y sus compañeros, era Coordinador Nacional del Movimiento Revolucionario del Pueblo[38]. Refiere Cisneros que varios factores fueron determinantes para conocer casi de inmediato que los jefes guerrilleros del Escambray habían sido capturados.

Cuenta que en primer lugar su organización había logrado infiltrar varios organismos del estado y el segundo, no menos importante, era el hecho de que como muchos de los dirigentes de la organización habían ocupado posiciones significativas en el gobierno revolucionario y todavía disfrutaban de cierta influencia y relaciones, pudo enterarse que la pena que le esperaba a muchos de los prisioneros era la de muerte por fusilamiento, lo que motivó que de inmediato se elaborara un plan para tratar de salvar la vida de los prisioneros.

Cuenta Cisneros que cuando analizaron la solución todos los involucrados llegaron a la conclusión de que el único método posible era el soborno y que para eso era necesario ir para Las Villas y contactar con la dirección del MRP., en la localidad.

Refiere que Movimiento autorizó al tesorero, el Ing. Pedro Martínez, "Serafín" a disponer de $40,000 pesos para que fuesen usado en el soborno de los oficiales y guardias que custodiaban a los prisioneros y así poder sacarlos de Cuba, ya que tenían preparada en

[38] *Fundado en 1960 por personalidades que había ocupado importantes posiciones en el primer gobierno revolucionarios. Algunos de los fundadores fueron Felipe Pazos, Raúl Chivas, Manolo Ray, ex ministro de Obras Públicas y Rufo López Fresquet, ministro de Hacienda.*

un punto en la costa norte de Las Villas, una lancha debidamente acondicionada con ese fin. Solo les faltaba el contacto que podía acercarle al hombre o los hombres que cederían a la tentación de una fuerte suma de dinero.

Apunta que en cuanto llegó a Santa Clara le dieron la información de que los procesados serían trasladados para la finca de La Campana y ejecutados esa misma noche, por eso antes de que concluyera la farsa judicial en compañía de Pedro Martínez, Ada Rosales, y un sacerdote católico del que no puede decir su nombre, pero que identificara como Gustavo, fue para el área donde más posibilidades había de salvarle la vida a los condenados.

Dice que antes de llegar a Las Villas habían intentado hacer contacto con Arturo Díaz que era coordinador del MRP en la provincia y Jesús Rodríguez que estaba a cargo del movimiento en la ciudad de Santa Clara, pero que no había sido posible porque los acontecimientos se precipitaron por razones que ignoraba y la dinámica de los hechos determinó que fuera para La Campana antes de ver a la gente de la provincia.

Los cuatro hicieron todo lo posible por no llamar la atención y se alojaron en casa de un militante del MRP que respondía al nombre de Romita y que era dueño de la estación de gasolina del lugar. Recuerda que desde la casa podían escuchar el constante entrar y salir de vehículos, que muchos de estos eran autobuses y camiones que transportaban para diferentes rumbos, a una gran cantidad de milicianos que no cesaban de gritar como si hubieran enloquecidos o estuviesen embriagados, consignas como "Fidel, Fidel, que tiene Fidel que nadie puede con él" al igual que "Fidel seguro, a los yanquis dale duro". Destaca con tristeza que entre consignas se escuchaba cómo algunos entonaban el himno de la internacional socialista.

El esfuerzo fue infructuoso. Todo fracasó. Las cosas ocurrieron muy rápido y no pudieron sobornar a ningún militar al extremo que aunque se enteraron el lugar exacto donde iban a ser fusilados, recuerda que se encontraban más o menos de un kilómetro del lugar, sí logró conocer al médico que emitiría el certificado de defunción, el Dr. Antonio W. Pedraza, un galeno colega de uno de los dirigentes de la organización.

Señala que el sentir de todos los que se encontraban en la casa era de angustia, dolor e impotencia y que se enteraron que antes de ser ejecutados les ofrecieron vendas para los ojos pero que todos se negaron a usarlas, agrega que según informó el doctor Pedraza, que había presenciado con anterioridad fusilamientos de personas que habían formado parte del régimen depuesto, el ensañamiento de que fueron objeto los condenados antes y después de la ejecución sobrepasaba todos los límites de la imaginación.

Dice Cisnero que personalmente a medida que el galeno narraba lo acontecido sentía un gran dolor en su alma y en su cuerpo, porque no solo estaba conociendo de la muerte de cinco valientes sino que lo que había ocurrido aquella noche era el prólogo de la destrucción de Cuba. Destaca que regresó a La Habana frustrado, dolido y convencido que había que seguir luchando sin que importaran los reveses.

Hubo un tercer intento para salvar la vida de Porfirio y sus compañeros. Relata Idalberto Sánchez Vidal, que junto a varias personas entre ellas Israel Abreu Villareal, Gil Ascunce, el teniente del ejército rebelde Roberto González, Mario Ramírez, primo de Porfirio y su cuñado Idelio Valdez, idearon un plan que consistía en ingresar por la fuerza en el teatro donde se iba a efectuar el juicio y rescatar a los acusados.

Refiere Sánchez Vidal que para la acción contaban con varias armas, entre ellas una ametralladora, y que Abreu tenía la colaboración de varios de los militares que custodiaban a los prisioneros. La acción era sumamente arriesgada ya que irrumpirían en el teatro disparando las armas en busca de los procesados. Señala que desistieron del intento de rescate porque la madre de Porfirio les pidió que no la realizaran por la gran cantidad de víctimas que causaría.

Agrega Roberto González que una parte importante del plan era interrumpir el servicio eléctrico y que el encargado de eso sería Reinaldo Gómez. Cuenta que como parte del juicio se estaba celebrando de noche, querían producir el ataque en la oscuridad para poder confundir al enemigo lo más posible.

Mario Ramírez, cuenta que su primo hermano, Porfirio, era tan reservado y discreto que nunca le contó los trajines en que estaba.

Apunta que en cuanto supo que había sido apresado estableció contacto con varias personas para hacer todo lo posible por rescatarlo y que entre estos individuos se encontraban Emiliano Marcelo y Sánchez Vidal. Refiere que los dos planes que más se discutieron fueron el rescate del autobús y en el teatro del regimiento Leoncio Vidal. Agrega que todos los esfuerzos fueron infructuosos porque las autoridades actuaron con mucha celeridad, como si estuvieran al tanto de que se estaba organizando una misión para liberar a los presos.

Clara Delgado regresó a la finca convencida de que al otro día se reiniciaría el juicio. La casa y sus alrededores continuaban llena de extraños y conocidos. Cuenta que la angustia era muy grande. Nadie podía dormir y la familia se reunió en la sala y sintonizaron la radio para escuchar las últimas informaciones. Rezaba el rosario cuando aproximadamente a las 11.45 de la noche la transmisión regular fue interrumpida con una noticia de última hora que refería que habían sido ejecutados cinco de los procesados, entre ellos el estudiante Porfirio Ramírez Ruiz. Tiró el rosario y todo cambió.

Un tiempo más tarde, después de la primera conmoción, decidieron abordar un automóvil que desde el primer día del proceso se mantenía estacionado a la entrada de la casa. Dice que cree que era el carro de Millo, el hermano de Carlos Marcelo, que todavía se desconocía si había sido hecho prisionero o seguía alzado en las montañas. La primera decisión fue ir para la casa del médico forense que era un pariente cercano de la madre de Porfirio.

Clara se bajó del carro cuando llegaron a la casa del médico, tocó a la puerta y se topó con la esposa que le movía afirmativamente la cabeza. No se conformó con eso y pidió ver al médico que estaba tan abatido que no se puso de pie cuando entró a la habitación. El Dr. Antonio W. Pedraza le dijo que sí, que había firmado el papel de la defunción. No le preguntó más nada, solo le dijo que "Tila" estaba en el carro a lo que el galeno le contestó, tráela que hay que ponerle una inyección.

En la casa había más personas y vehículos que cuando se habían ido. La madre de Porfirio en total desesperación fue conducida a una habitación donde se esforzaron por consolarla. Avanzada la mañana y esperando que dieran alguna noticia, o les informaran qué hacer ante una situación tan trágica, policías del gobierno provincial en un jeep, llegaron a la casa y le dijeron que iban a permitir que un miembro de la familia reconociese el cadáver de Porfirio. Dice que valoraron la situación hasta que se determinó que fuese ella, pero que cuando se lo comunicó a los oficiales le respondieron tajantemente que no, que a ella no le sería permitido que viese los restos de su marido.

José Prieto cuenta con tristeza que su familia nunca se enteró de la sentencia a muerte de Plinio, pero que sí supo que había sido fusilado. Afirma que no tiene dudas de que la orden de ejecución provino de las más altas esferas del gobierno, porque cuando el presidente del Tribunal dijo que el juicio proseguiría al día siguiente, recalcó que sería cuando se dictarían las sentencias.

Dice que la noche del juicio familiares y amigos estaban reunidos en la casa de su tío el doctor Eduardo Ruiz comentado con ansiedad la situación, cuando su madre le dijo "Pepe, yo tengo un presentimiento y quiero noticias de Plinio". Ante lo dicho por su madre su hermana Ileana abordó un automóvil para recorrer varios lugares de la ciudad y que otro tanto hizo él en otro vehículo con Osvaldo Somarriba, esposo de una tía suya.

Durante el recorrido trataron de acercarse a tres o cuatro lugares que estaban custodiados por militares en busca de información, pero eran echados sin ningún miramiento hasta que decidieron ir directamente a una de las postas del regimiento Leoncio Vidal, donde se había celebrado el juicio. Allí, de pie, con un fusil en descanso, detrás de una reja de hierro estaba parado un militar a quien se dirigió y le dijo, "Nosotros somos familiares de Plinio Prieto y queremos saber si tienen noticias sobre su situación y de sus compañeros". Al escucharle el militar se paró en firme, se cruzó el fusil sobre el pecho y le dijo que tenían que irse a lo que contestó, "Yo soy José Prieto, hermano de Plinio". Después de estas palabras, el guardia le miró y le dijo "Ah, los que iban a fusilar, ya a esos los fusilaron".

Horas después, cuando ya era de día, se hizo de conocimiento público que cinco de los procesados, habían sido ejecutados antes de que se dictara la sentencia.

Cuenta Clara Delgado que tenían la ilusión de que aquello no estuviese ocurriendo. Llegaron a creer que el forense estaba equivocado y que lo que ocurría no tenía nada que ver con la realidad. En ese delirio un amigo de la familia, Evaristo González, que tenía relaciones en una funeraria les informó que había visto el cuerpo de Porfirio en el cementerio con varios balazos en el cuerpo y que ante tantas evidencias le entregó una botella que contenía alcohol y otra toalla del niño para que limpiaran el cadáver.

Ya sin esperanzas y muy desconfiados, se impusieron la tarea de averiguar si les iban a entregar el cadáver y determinaron que en caso de ser así lo sepultarían en la bóveda de la familia de Alberto Díaz quien se había ofrecido para ello, cuya hija había sido tiempo atrás novia de Ramírez. Esperaban la confirmación de lo propuesto por ellos cuando conocieron que los ejecutados ya habían sido sepultados y que el cementerio de Santa Clara estaba ocupado por militares que no se permitía ingresar al campo santo a ningún ciudadano.

Refiere Clara que cuando pudieron entrar al cementerio y dirigirse al lugar donde estaban los restos de Porfirio ignoraba qué había ocurrido con los cuerpos de los otros fusilados. Fueron directamente a la bóveda de la familia Díaz donde estaba sepultado Porfirio. Recuerda que estaba cubierta de flores y que aunque la noche anterior había tirado el rosario, rezó un Padre Nuestro.

Cuenta Clara que en las horas que el cementerio estuvo vedado al público se dirigió en compañía de su cuñada Gloria a la iglesia La Pastora, donde oficiaba el sacerdote católico Olegario Cifuentes, quien según le habían informado había asistido religiosamente a los fusilados. Entró al recinto y se identificó con el sacerdote quien de inmediato le pidió que lo acompañara al confesionario. Le explicó que se encontraba en la iglesia cuando sintió fuertes golpes en la puerta trasera y al abrirla un joven universitario de nombre Eugenio Urdamidero que se decía amigo de Porfirio, en compañía de otras personas, le pidieron que les siguiera hasta el Cuartel 31 donde estaban los presos que iban a ser trasladados a La Campana para su ejecución.

El Padre Olegario subió al autobús donde ya se encontraban los presos. El primero con quien habló fue con Plinio Prieto quien le dijo que era católico y que deseaba que le diera la Extrema Unción. Le comentó que como estaban muy serios se dirigió a ellos y les dijo que tenían la oportunidad de confesarse, de arrepentirse de sus pecados y que si querían enviar un mensaje a algún familiar lo entregaría.

Le relató que el ómnibus estaba próximo a su destino cuando Porfirio, el único que se había mantenido en silencio todo el tiempo, le hizo una seña para decirle que quería hacer una nota. Cuando se acercó vio que tenía sus manos fuertemente atadas por lo que se dirigió a los custodios para que aflojaran las cuerdas y pudiera escribir, lo que Porfirio rechazó diciendo que él podía hacerlo aún en esas condiciones.

Le facilitó papel y lápiz y se acercó para ver que escribía aquel hombre que había guardado tanto silencio. Vio que era una nota dirigida a una mujer y a su hijo. El jefe de la escolta y quien fungiría como oficial del pelotón de fusilamiento, Pérez Roca, cuando vio que terminaba de escribir la nota se dirigió a Porfirio y le preguntó si la carta era para Clarita, ante la respuesta afirmativa le dijo al religioso "No Padre, démele a mí, que mañana se la entregó a Clarita en el Gobierno Provincial".

Cuenta que de inmediato fue al gobierno provincial para entrevistarse con Carlos Iglesia "Nicaragua" Fonseca. Recuerda que no hizo antesala, que pasó a la oficina sin esperar autorización y que le dijo al funcionario "Vengo a que me entregues, la carta, el anillo, la cadena, todo lo que haya de él". Dice que Iglesia Fonseca, se paró, le dio un fuerte abrazo y le manifestó que sentía lo que había ocurrido. La respuesta fue que todas las propiedades de su esposo estaban para La Habana por orden de las autoridades superiores, también le pidió que le comunicara a la madre de Ramírez, como le decía, que podía estar segura que mientras que él tuviera algún poder sus tierras iban a ser respetadas.

Refiere Clara que al escuchar esta promesa le preguntó que si estaba dispuesto a hacer eso porque no le había salvado la vida y lo que siguió fue un gran silencio y un movimiento de cabeza que solo reflejaba impotencia.

Luis Albertini señala que los días siguientes al fusilamiento había indignación pero que el miedo había crecido en el corazón de la gente de manera geométrica. Un número importante de los estudiantes que estaban actuando contra el gobierno cesaron en sus actividades y sus padres empezaron a buscar formas para sacarlos del país. En su caso personal fue visitado en su vivienda por varios jenízaros que le amenazaron abiertamente y le dijeron que lo ocurrido era una pequeña muestra de lo que podía sucederle si seguía actuando contra la Revolución. Días más tarde, cerca de una veintena de estudiantes fueron expulsados del Instituto porque no estaban identificados con la Revolución.

Recuerda José Antonio Albertini, que cursaba tercer año de bachillerato, que después de la ejecución de Porfirio fueron a buscarle al aula donde recibía clases varios de los dirigentes más extremistas que había en el Instituto, entre ellos José García Beltrán y Rodolfo de las Casas. La conversación fue breve pero cargada de amenazas, le advirtieron que caería sobre él todo el peso de la justicia revolucionaria y que le advertían que si lo veían de nuevo dentro del Instituto, lo matarían delante de todos y que siempre tendrían elementos para justificar los hechos, también le dijeron que le prohibían terminantemente que se inscribiese en otro centro de estudios en el país.

Cuenta Ana Rivero, esposa de Carlos Marcelo, que al día siguiente del juicio partió para Topes de Collantes para saber si le permitían ver a su marido y que fue en el cuartelillo que estaba situado al pie de la montaña, donde se había construido el sanatorio transformado en prisión, que se enteró por boca del comandante Manuel "Piti" Fajardo que los cinco jefes guerrilleros habían sido ejecutados.

Señala que el viaje fue muy escabroso, que constantemente se encontraban con efectivos del ejército o la milicia que estaban de recorrido y que en el horizonte solo veían un número increíble de auras tiñosas, lo que le hacía pensar que había muchos muertos. Agrega que la visita fue muy breve y triste porque su esposo también conocía del fusilamiento.

Entre otras cosas lo que se acuerda de Topes de Collantes es que todavía en el lugar había una gran cantidad de enfermos de tuberculosis y que aunque estaban separados de los detenidos gritaban todo tipo de improperios, pero que todos se ensombrecían cuando más que chillar aullaban como jauría la palabra Paredón.

La última noche de su vida Porfirio Remberto "El Negro" Ramírez, escribió una carta, en la que se dirigió al pueblo de Cuba y a sus hermanos de lucha, dice así: "Quien haya pasado por todos estos horrores debe sentirse feliz de morir, porque sabe que habrá de descansar de tanta opresión, de tanta ignominia, de tanta cobardía y porque sabe que habrá de sembrar el ejemplo para futuras generaciones... Sé que voy a morir dentro de pocas horas, no tengo miedo, por el contrario, jamás en mi vida me he sentido tan seguro de mí mismo; sé que mi muerte no habrá sido en vano."

Los condenados fueron ejecutados en la finca La Campana[39], convertida en campamento de milicias, y situada en medio del Escambray.

El crimen estaba cargado de simbolismo. Un dirigente estudiantil que había estado alzado en esa zona durante el régimen anterior, un líder sindical que había sido comandante del ejército rebelde y que era muy querido en la zona, y tres hombres naturales de la comarca que disfrutaban del respeto y la simpatía de los habitantes de la región.

Tanto el juicio como la ejecución llevaban un mensaje a los campesinos que habían demostrado con su respaldo a los alzados que no estaban de acuerdo con lo que estaba ocurriendo en el país. Un mensaje que no cumplió su objetivo porque el Escambray se convirtió por varios años en un reducto firme y heroico de la resistencia contra el comunismo.

Amparo Posada conoció de la muerte de su esposo Plinio por una de las personas que le visitaba en la casa, donde en ese momento se

---

[39] *Finca familiar que el régimen convirtió en campamento de milicias y donde fusiló a centenares de sus opositores.*

encontraba refugiada. Recuerda que se acercó a los muchachos, les abrazó muy fuertemente y conteniendo sus emociones les dijo muy bajito en el oído, "ya su papá está en el cielo". Después de sus palabras la niña se echó a llorar, pero el varón por su corta edad apenas se dio cuenta de lo trágico de la situación.

Refiere Ana Rivero que supo por los familiares de Porfirio que los cadáveres de los fusilados fueron trasladados para el cementerio de Santa Clara en la madrugada del 13 de octubre. Según su testimonio el campo santo fue totalmente acordonado por militares y a excepción de los restos del dirigente estudiantil, que fueron entregados a manos amigas, los demás ejecutados fueron sepultados en una fosa común que no fue identificada hasta años más tarde.

José Prieto, confirma lo anterior, y expone que los restos de su hermano no fueron entregados a la familia y que lo sepultaron en una fosa común con varios de sus compañeros de lucha.

Los fusilamientos, en vez de aplacar o amedrentar al campesinado, sólo lograron enfurecer a millares de villareños. En los montes del Escambray hubo nuevos alzamientos. Lo que sobraban eran hombres dispuestos a pelear. Lo que faltaban eran armas y pertrechos para los guerrilleros.

El doctor Pedro Oliver Labra, dice que un par de días después de los luctuosos acontecimientos todavía estaba analizando los hechos. Se encontraba confundido por lo que le dijo el capitán Antonio Núñez Jiménez y lo que había sucedido. Recuerda que estaba caminando por una calle de Santa Clara cuando vio a varios jóvenes repartiendo unos volantes. Tomó uno y para su sorpresa leyó que era una diatriba contra Porfirio. Una justificación de su asesinato que llevaba su firma. Aquello le conmovió pero se dio cuenta que era una forma de manipularlo e impedir que continuara con sus reclamos.

Refiere Idolidia Darias una joven cubana que no había cumplido un año de edad cuando los fusilamientos del 12 de octubre de 1960, que conoció de las tragedias que se vivieron en el Escambray cuando se mudó por razones de trabajo para la localidad de Manicaragua a principios de los años ochenta.

Recuerda que poco a poco se fue enterando de lo que se había vivido en esa región del país en la década del 60. Escuchaba comentarios, palabras sueltas sobre muertos, batallas, milicias, alzados pero cuando trataba de obtener mas información las personas no le querían hablar y evadían el tema. Añade que un acicate más para investigar y conocer ese pasado fue que se enteró que muy cerca de la escuela donde trabajaba un jefe guerrillero de nombre Porfirio Guillén, había sostenido un sangriento enfrentamiento con fuerzas del gobierno en el que más de una decena de personas habían sido masacradas por el ejército y la milicia.

Apunta que paulatinamente se fue percatando de que el gobierno había hecho pública una verdad oficial diferente a lo que había ocurrido en la realidad y que a pesar de que la información estaba manipulada, de que la gente se autocensuraba para evitar represalias, se enteraba de situaciones que no había sido capaz de sospechar y que a su vez la mayoría de los habitantes de la isla desconocían por completo.

Siempre, afirma, les habían dicho que los alzados eran criminales,

Angel Rodríguez del Sol

bandidos despiadados que no respetaban nada y que solo por el esfuerzo y el sacrificio de las milicias había llegado la paz a la región pero que gracias a su estancia en la zona se había dado cuenta que lo que contaba el gobierno eran mentiras, que los alzados con las excepciones de siempre, eran unos idealistas, hombres valientes y honestos que querían a su país y que arriesgaban voluntariamente sus vidas para evitar que el comunismo se entronizase en la isla.

Apunta que a pesar de los muchos años transcurridos el heroísmo y sacrificio de hombres como Osvaldo Ramírez[40], Julio Emilio

---

[40] *Capitán del ejército rebelde. Segundo comandante de todas las fuerzas guerrilleras que operaron en Escambray. Después de haber sostenido un fuerte combate con efectivos del gobierno en las Llanadas de Gómez, muere como consecuencia de un disparo aislado el 16 de abril de 1962.*

Carretero[41], Tomas San Gil[42] y José "Cheíto" León[43] están presentes en la memoria colectiva de la región, pero que en el caso de Plinio Prieto, Porfirio Ramírez, Sinesio Walsh, José Palomino Colón y Ángel Rodríguez del Sol la situación es diferente porque fueron individuos que se alzaron en la zona y combatieron en ella. Apunta que algo similar ocurre con el jefe guerrillero Porfirio Guillén Amador[44], que cayó combatiendo con poco más de una decena de sus hombres en Sabana del Moro, zona situada entre Manicaragua y el caserío de La Moza.

Cuenta que hay residentes de Manicaragua que dicen haber sido testigos del día en que los fusilados del 12 de octubre eran transportados en un autobús hacia el lugar donde iban a ser ejecutados y que el capitán y jefe guerrillero Sinesio Walsh sacó parte de su cuerpo por una ventanilla y gritó fuerte y firme, "Nos llevan para La Campana porque nos van a fusilar"

Dice que conocer esta verdad fue un reto y compromiso, que poco a poco los campesinos fueron confiando en ella y compartiendo los conocimientos de un pasado común que sólo se evocaba en los círculos más íntimos. Según pasó el tiempo se ganó la confianza de los campesinos que le conducían a lugares donde habían ocurrido los enfrentamientos bélicos y que para su sorpresa supo que algunos de los residentes del Escambray conservaban con amor y dedicación objetos de algunos guerrilleros, como ocurrió con el estuche y una parte de los espejuelos del comandante Plinio Prieto. Dice que la

[41] *Miembro del ejército de la República. Cuarto comandante de todas las fuerzas guerrilleras que operaron en el Escambray. Fusilado en la Fortaleza de la Cabaña el 22 de junio de 1964. Fue apresado por medio de una estratagema que elaboró el régimen con el conocido delator Alberto Delgado y Delgado.*
[42] *Tercer comandante en jefe de las fuerzas insurgentes que operaron en las montañas del Escambray. Cae en el combate de las Cuarenta Caballerías, junto a doce de sus hombres el primero de marzo de 1963. "Nilo Armando Saavedra Gil, José García Curiel, Celedonio Cabelleira, Emilio Torres, Berto González, Raymundo Rodríguez, Orestes Torrecilla, José Santander, Manolo Neyera, Raúl Llerena y Osmundo León Guerra y un último combatiente solo identificado como "El Chino Habana"*
[43] *Campesino. Se alzó el 17 de abril de 1961 con más de una decenas de trabajadores agrícolas que comandaba su hermano Merardo León Jiménez. Quinto y último comandante en jefe de las fuerzas guerrilleras que operaron contra el totalitarismo en la región del Escambray. Cae en combate el 25 de mayo de 1964 en la finca Jabira junto a tres de sus hombres, Sergio Pérez Miranda, Mario Pisch Cadalso y Lorenzo Santana Duardo. Fue quien descubrió la trama por la que otros jefes guerrilleros fueron capturados sin poder hacer resistencia. Ejecuto al delator, conocido como el Hombre de Maisinicu.*
[44] *Enero 4 de 1963. Mueren junto a Guillén Amador, Juan "El Niño" Débora Blanco, Gilberto Rodríguez Ramírez, José Ramón "El Galleguito" Crespo, Idalberto Fuentes, Alfredo Luque, Norberto Colunga, Bernabé Pérez, Julián Hernández Cruz, Reno Sotero y René Sánchez Méndez. Logró escapar herido y fusilado unos meses más tarde, Israel Pacheco.*

persona que lo guarda solo le permitió fotografiarlo y que no lo quiso entregar porque quería conservarlo.

Recuerda que otros jóvenes, algunos naturales de la zona y todos nacidos después del triunfo de la Revolución y que en su mayoría no llegaban a los treinta años, se sumaron al esfuerzo de recuperar la memoria histórica participando en entrevistas y recogiendo la mayor cantidad de información posible. Añade que este esfuerzo culminó con el compromiso de divulgar la vida y obra de estos mártires y que uno de los primeros actos público fue una vigilia que realizaron el 12 de octubre de 2003 dedicado a la memoria de los cinco patriotas que fueron fusilados en esa fecha 43 años antes.

CAUSA NÚMERO 829 DE 1960
AL TRIBUNAL REVOLUCIONARIO DEL DISTRITO
DE LAS VILLAS

EL FISCAL DICE: que presenta la causa radicada con el número 829 de 1960, de la radicación de ese Tribunal; y estimando completa la investigación, solicita se abra a juicio oral, a cuyo efecto formula, en concepto provisionales, las conclusiones siguientes:

PRIMERA: Los procesados Salvador Esteva Lora, José Lauro Blanco Muñiz, Jorge Caos Pérez, Manuel Eliseo Díaz Pérez, Arsenio Padierne Labrada, Arnoldo Hernández Luege, Salvador Muñoz Carpi, Giordano Hernández Frayle y Plinio Prieto Ruiz, conjuntamente con otros que se encuentra prófugos de la justicia revolucionaria, todos miembros de una Organización contrarrevolucionaria, efectuaron múltiples reuniones de carácter contrarrevolucionario en la ciudad La Habana, habiendo acordado, entre otras cosas combatir los poderes del Estado Revolucionario mediante la organización de grupos armados en las montañas del Escambray, manteniéndolos y aprovisionándolos. Que así las cosas de las reuniones se pasó a la parte activa del plan, trasladándose hasta el punto conocido como Guanayara, en las lomas de las montañas antes mencionadas los acusados Plinio Prieto Ruiz, quien fue designado en dicha reunión Jefe militar de las operaciones en dicha zona, y como jefes de grupos subalternos los también procesados **Porfirio Remberto Ramírez. Sinecio Walsh Ríos y José A. Palomino Colón**, los que comandaban a los procesados José Berges León, Andrés Betancourt

Sánchez, Ramón Gálvez Rodríguez. Eduardo López Morera, Rigoberto González Sarduy, Félix Fonseca Romero, Julio Daniel Fuentes Rodríguez, José Luis Chaviano Fernández, Pedro García Rodríguez, **Ángel Rodríguez del Sol**, Orlando Quintero Artiles, José Ramón Quintero Artiles, Lorenzo Alba Consuegra, Juan Sardiñas Villalba Pedro Hernández Rodríguez, José Pascual Oro, Tomás Godínez Garrote, Cándido Antonio Cañizares Guadarrama, Rigoberto Blanco García, Carlos Emiliano Gainza de Armas, Juan Antonio Mesa Calzada, Mirto Gonzáles Martínez, Luís Escalante Ramos, Carlos Marrero Pérez, René del Toro Arias, Armando Rodríguez González, Santiago Sarduy González, Rolando Cárdenas Rodríguez, Rolando Blanco González, Aurelio Camacho Pérez, Diógenes Blanco García, Oriel Flores, Mamerto Gálvez Abrahantes, José Herrera Campos, Antonio López Muñoz, Genaro Milián Suárez, Gregorio Muñiz Rodríguez, Fidel Vega López, José Arias Hidalgo-Gato, Rafael Geradá Zer, Daniel Ferrer Burgos, Jesús González Marrero, Leovigildo López Álvarez, Urbano Mena González, Antonio Torres Matienzo, José Santiago Tardío Hernández, Rafael Cañizares Guadarrama, Alejandro Crespo López, Ramón Armenteros Hernández, Armando Zaldívar Pita, Rigoberto Pérez Yera, Alberto Broque Luís, Abel Díaz Jiménez, Ramón Pina o Peña Cruz. Félix Pernas Castillo, Juan Pérez Linares, Rodolfo Quiróa Medina, Raúl Raveiro Salgado, Jesús Cairo Ceballos, Elio Escandón Iznaga, Benigno Manuel Piñeiro Cabezas, Elio Luque, Camilo Montero Pereira, José Gutiérrez López, Enrique García Cuevas, Cipriano Rodríguez González, Fernando Roque Vigil, Justo Rodríguez Fernández, Luís Neira Marín, José Isabel Pedraza, Eusebio de Jesús Peñalver, Odeime Pomo Rojas, Adalberto Sánchez Zamora, Fernando Sánchez

Rodríguez, Ramón Sarduy Gómez, Isidoro Pérez
Cruz, Leoncio León Pérez, Enrique León León, José
Manuel Lasval Hernández, Argelio Vigoa Moreno,
Pastor Valdés Molina, Miguel Ángel López Polanco.
Ramón Marín Valdivia, José Antoni Menéndez,
Gilberto Roche Vega, Alberto Hernández López,
Ángel González Rodríguez, Luís García Nodal,
Heriberto Díaz Hernández, Elio Capote Corcho,
Jesús Cairo Ceballos, José Barberena Castellón,
Wenceslao H. Batista Torres, Luís Orlando Amorín
Acevedo, Pablo Arias Amorín, Felipe Leonel Ruiz
Fojo, Alfonso Morales González, José Sotolongo
García, José Pozo Puertas, Luís Rodríguez Cordero,
Martín Guillén Amador, Leandro Alberto Walsh
Ríos, Ángel Prado Caballero, Antonio Rodríguez
Hurtado, Viviana Fernández Rodríguez, Fulgencio
González Torres, Manuel González Chávez c/p
Manolo, Salustiano Ruiz Pérez, Ismael Pérez Perera,
David Castellón Armas, Pedro A. Martínez Hernán-
dez, Lázaro Bermúdez Duro, Orlando Massanet
Villafaña, Mario Lima Rojas, Rafael González Pérez, y la acusada Gloria Argudín Obregón, que
formaban parte de la tropa comandada por los jefes
anteriormente mencionados, los que fueron detenidos por los miembros de las milicias campesinas,
obreras y Ejército Rebelde en combates sostenidos
con los mismos, a los que se les ocuparon armas
largas, y cortas de distintos calibres, así como una
planta de radio portátil y otra grande, así como
parque y pertrechos de guerra, los que fueron
suministrados por los procesados Salvador Esteva
Lora, José Lauro Blanco Muñiz, Jorge Caos Pérez,
Manuel Eliseo Díaz Pérez, Arsenio Padierne Labrada, Indalecio Ramírez García, Macario Guillén San
Gil, Juan Korp Navarro, Pablo Rolando Simón García, Pedro Antonio de León Rojas Godofredo
Patterson Peña, Manuel Valdés Matienzo, Urbano

Mena González, José Cabrera Martínez, Armando Arcia Rodríguez, Dalmacio Perera Godoy, Israel Fuentes Díaz, Pablo Guillén Amador, Ricardo Pecoraro, Ramón Ledón Pérez, Remberto Blas Guerra Acosta, Gregorio Amador Valdés, Gregorio Hernández Martín, Jesús Sánchez Palmero, Mariano García Capote, Gerardo González García, Emilio Pérez Peñate, y Antonio Arcia Rodríguez; cuyas armas y pertrechos eran de fabricación norteamericana. Además, fueron lanzados por un avión cuatrimotor del Ejército Norteamericano gran cantidad de armas y pertrechos de guerra, que fueron enviadas por los contrarrevolucionarios exilados en los Estados Unidos, en connivencia con los imperialistas yankees. Habiendo sido también detenidos en la Sierra del Escambray los procesados Arnoldo Hernández Luege, Salvador Muñoz Carpi, Giordano Hernández Frayle, por las milicias campesinas, a los que ocuparon armas y una planta de radio.

SEGUNDA: Estos hechos son constitutivos de un delito Contra la Integridad y Estabilidad de la Nación, previsto y reprimido en el Art. 147 en relación con el 158 y 159, todos del Código de Defensa Social, tal como quedaron modificados por la Ley 425 de 1959, y el artículo Decimosegundo de dicha Ley.

TERCERA: Son responsables en concepto de autores inmediatos, los procesados y acusada mencionados en la primera de estas conclusiones.

CUARTA: No concurren circunstancias modificativas de la responsabilidad criminal.

QUINTA: La sanción en que han incurrido los procesados Plinio Prieto Ruiz, Porfirio Remberto Ramírez Ruiz, Sinesio Walsh Ríos y José A. Palomino Colón, presos en la zona de operaciones de la Sierra del Escambray, es la de pena de MUERTE POR

FUSILAMIENTO; y los demás procesados presos en la zona de operaciones de la mencionada Sierra, a la de TREINTA AÑOS DE RECLUSIÓN, que deberán cumplir en el reclusorio para varones mayores de Isla de Pinos; y la acusada Gloria Argudín Obregón, a la de TREINTA AÑOS DE RECLUSIÓN, que deberán cumplir en el Reclusorio nacional para Mujeres de Guanajay. Y los demás procesados, a la sanción de VEINTE AÑOS DE RECLUSIÓN, que deberán cumplir en la Prisión de Isla de Pinos.

TESTIGOS

1.- Cmdte. Manuel Fajardo.
2.- Cmdte. Félix Torres González
3.- 1er.Tte. ER Enio Leyva.
4.- Aníbal Velaz Suárez, Jefe Dpto. Int. G-2 LV.
5.- Agte. G-2 Manuel Torres Morales.
6.- Miguel López Morales, vecino Rpto. Parc. Moderna, Habana.
7.- Elio Horschek González, vecino Rpto. Parc. Moderna, Habana.
8.- Rigoberto Pérez Yera, Fca. San Andrés.

Santa Clara, 10 de Octubre de 1960.

Dr. Humberto Jorge Gómez

Fiscal: Juan Escalona Reguera
Teniente: Claudio Lopez Cardet
Capitán : Hornedo Rodríguez Ruiz
Teniente: Erasmo Aniceto Machado
Teniente: José A Ferrer Brito.

Carta que Porfirio Remberto Ramírez Ruiz, Presidente de la Federación Estudiantil Universitaria de las Villas, dirigió a sus compañeros estudiantes, unas horas antes de ser ejecutado el 12 de octubre de 1960[45]

Compañeros.

De regreso del banquillo de los acusados del que fuera teatro de la Libertad, que ironía, del que también fuera campamento Leoncio Vidal de Santa Clara, acatando rápidamente al efecto de contar el show de nuestro juicio, frente a un tribunal que nos estaba juzgando con la orden ya recibida de antemano para que fuéramos condenados a muerte, me decido a escribir estas líneas que entregaré a uno de mis custodios en la seguridad de que algún día llegarán a manos de mis compañeros estudiantes y alcanzará su destino.

Porque tengo fe en los hombres que hicieron la Revolución por amor a Cuba, por amor a esta tierra nuestra, por amor a la libertad y que si no se sometieron a la dictadura de Batista no se someterán jamás a la dictadura comunista de los Castros.

Las circunstancias en las que hago estas declaraciones son muy difíles y el tiempo que me queda es muy apremiante y no voy a hacer un recuento de mis actividades revolucionarias en mi lucha contra la tiranía batistera, ni un análisis de los poderosos motivos que solo tienen un elevado sentido patriótico de amor a Cuba, que me llevaron a tomar de nuevo el camino de las lomas libertarias del Escambray para luchar contra el monstruo comunista del Caribe, como tampoco voy a hacer una análisis de mi vida, tanto pública como privada que me defiende por sí sola, por haber sido siempre limpia, honrada, moral, justa, sincera y decente, acorde con los principios sustentados por mis padres en un hogar donde trabajando honradamente la tierra,

---

[45] *Documento copiado textualmente de un programa de radio conducido por Ninoska Pérez Castellón en el 30 aniversario del fusilamiento de Porfirio Ramírez.*

ordeñando vacas, vendiendo leche pura, tal como salía de la ubre de la vaca, tirando caña de madrugada, cortándola bajo un sol ardiente, se constituyó esa familia que es la MIA de la cual me siento orgulloso y que fue capaz de adquirir con su trabajo la propiedad de la tierra que hoy disfrutan.

De ese hogar dechado de virtudes procedo yo y para honrarlo estudié y cuando la patria lo reclamó fui al monte tras haber luchado peligrosamente en la clandestinidad para librarnos del yugo opresor de la tiranía batistera; quien iba a decirlo que habríamos de caer en la tiranía roja de los Castros, tampoco habré de hacer un análisis de todo el proceso que habrá de culminar con mi fusilamiento criminal y de un grupo de valiosos y dignos compañeros, y su barril de años para la mayoría de los otros acusados, todos esos detalles son bien conocidos.

Quiero aprovechar estos postreros instantes de mi vida para hacer un llamamiento a todos mis compañeros de la Universidad Central de Las Villas, de La Universidad de Oriente, de la Universidad de La Habana, de la Universidad de Villanueva, a todos los estudiantes de las Escuelas de Comercio de donde procedo, de todos los Institutos, Normales, en fin, a todos los estudiantes de Cuba y América para que estrechen filas en contra del monstruo rojo del Caribe, que habrá de traer mucho dolor y luto, sangre, miseria y esclavitud al pueblo de Cuba.

Quien haya pasado por todos estos horrores que yo he vivido en estos últimos días, debe sentirse feliz de morir, porque sabe que habrá de descansar de tanta opresión, de tanta ignominia, de tanta cobardía y sabe habrá de sembrar ejemplo para que las actuales y futuras generaciones enfrenten valientemente al tirano de la barba y del micrófono y a cualquier otro tirano que pretenda interponerse en el destino eminentemente libertario de nuestro pueblo que no habrá de permitir de ninguna manera someterse a la voluntad opresora de un tirano ya se llame Fulgencio Batista o Fidel Castro.

Datos biográficos del comandante guerrillero Plinio Prieto

Nació en Santa Clara, Las Villas, Cuba, el 21 de Junio de 1923. Fue el tercero de cuatro hermanos, hijos del matrimonio Dr. José R. Prieto y la Dra. María C. Ruiz.

Siendo muy pequeño su familia se trasladó a Nueva York, aprendiendo sus primeras letras en una escuela pública de esa ciudad por lo que desde temprana edad dominaba el idioma inglés y español.

Al cabo de 6 años la familia regresó a Cuba, terminando en la isla su primera enseñanza en el Colegio de los Hermanos Maristas, en la Víbora, La Habana. Estudió bachillerato en el Instituto de Segunda Enseñanza de la Víbora y se matriculó en la Universidad de La Habana, en la Escuela de Derecho, carrera que no terminó por distintas circunstancias. Más tarde fue nombrado profesor de inglés en la Escuela Superior #3 "Marta Abreu", de Marianao. Después de 12 años de ejercicio, fue separado del cargo por sus actividades políticas.

Organizador del Segundo Frente del Escambray, estuvo alzado en el macizo montañoso del sur de Las Villas y alcanzó el grado de Comandante. Más tarde, cuando se percató del rumbo que tomaban la Revolución, empezó a organizar núcleos de resistencia y creó uno de los primeros frentes militares en la lucha contra el totalitarismo, en la misma región donde había combatido al régimen de Batista.

Por una delación fue sorprendido y hecho prisionero en el pueblo de Cumanayagua. De allí fue trasladado a Topes de Collantes y enseguida al "G-2" de La Habana. A los diez días de haber sido hecho prisionero lo trasladaron a Santa Clara para la celebración del juicio, siendo fusilado antes de dictarse la sentencia, con cuatro compañeros, los mártires: Porfirio Ramírez Ruiz, Sinesio Walsh Ríos, José Palomino Colón y Ángel Rodríguez del Sol.

Fue ejecutado el 12 de octubre de 1960, siendo asistido en sus últimos momentos por el Padre Olegario de Cifuentes, quien ha escrito un documento para la historia, titulado: "Últimos momentos de la vida de Plinio Prieto", donde hace constar que murió como lo que siempre fue: un valiente. Sus últimas palabras fueron: "Tengo fe en Dios y en los hombres".

Estaba casado con la Sra. Amparo Posada, quien fue su compañera inseparable en sus luchas revolucionarias. De su matrimonio dejó dos hijos, Georgina y Fernando. Tenía al morir 37 años de edad.

Fragmentos de una entrevista que concedió la señora María Caridad Ruiz, madre del comandante Plinio Prieto, a la publicación Avance el 3 de marzo de 1961

La Sra. María Caridad Ruiz, madre del infortunado Plinio Prieto, que fuera fusilado por las hordas comunistas que hoy desgobiernan en Cuba y cuyo juicio fue una farsa más de las que acostumbraban hacer los traidores que tienen sojuzgada a la patria de Martí. Su relato, hecho para AVANCE, pone de manifiesto la maldad de esos hombres (Foto Pepe Suárez).

Cinco cubanos jóvenes - cinco más que agregar a los miles y miles de jóvenes cubanos devorados por la hiena insaciable de la dictadura roja - cayeron horriblemente masacrados el día 12 de octubre de 1960 en la finca "La Campana", ubicada en Hoyo de Manicaragua, en Las faldas de la Sierra del Escambray. Y decimos "masacrados", y no fusilados - como reza la nota oficiosa publicada por los libelos regimentales - porque los mismos no fueron pasados por las armas con disparos de fusil, como de rigor se hace en la aplicación de la pena de muerte a reos militares, sino que fueron horrorosamente ametrallados, ya que el pelotón de ejecución de milicianos de Oriente, de los cuales quedan vivos sólo dos - estaba provisto de las famosas "metralletas" checas, y los cuerpos de la víctimas recibieron la descarga completa de los magazines de esas terribles armas importadas por Fidel para asesinar cubanos.

Han pasado cinco meses desde aquella fecha triste y dolorosa; cinco meses que es tiempo suficiente para atenuar dolores y hasta para empezar a olvidar. Pero para una madre, esos cinco meses apenas si son cinco segundos en su mente atormentada por el dramático peregrinar día tras día en busca del hijo apresado, presintiendo en su corazón la desgracia que lo cercaba. Días y días llorando, implorando, rogando a Dios por la vida del hijo querido, hasta el trágico momento en que la noticia, filosa como un estilete, le abrió el corazón para decirle que su hijo había sido fusilado.

Fuimos en busca de la madre de Plinio Prieto para conocer de sus labios, trémulos por la emoción y el dolor, algunos de los detalles de su gran tragedia.

Encontramos a la señora María Caridad Ruiz vestida de negro, tal como lo hace desde que Plinio fue asesinado. Es una expresión externa de su gran dolor y en ello no es contrariada por sus hijos. Es ella una mujer de edad madura, de finos modales, de grata presencia física demostrativa de una belleza que los sufrimientos han querido borrar. Su rostro apacible y triste, se torna enérgico cuando se refiere a los que asesinaron al hijo querido; pero luego predomina el sentimiento de amor maternal sobre la ira contra los fariseos, y entonces sus ojos se llenan de lágrimas y su mirada va al infinito como en busca de un consuelo que jamás podrá hallar. Por eso no la mortificamos mucho con un interrogatorio que pudiera afectarla más en su gran tragedia íntima, sino que la dejamos hablar libremente y tratamos de captar sus palabras para que los lectores de AVANCE, y sobre todo, las naciones hermanas del continente americano, conozcan en detalles cómo opera y cómo asesina, la dictadura roja en Cuba, y cómo para los títeres del Kremlin la vida de los hombres y el dolor de las madres carece de precio, de reconocimiento y de piedad.

A mi hijo Plinio no lo hubieran cogido nunca, a no ser por la traición de ese canalla que lo delató, el criminal Félix Hurtado, un hombre que había sido oficial en la guerrilla de Plinio, y en el que él confiaba como amigo.

Al iniciarse la lucha contra Batista, Plinio, desde Manacas y Santo Domingo fue donde más intensamente desarrolló sus actividades conspirativas. Desde Miami hizo varios viajes para las labores de sabotaje. Estas actividades no las hizo siempre protegido por la buena suerte, ya que en varias ocasiones fue apresado por la policía de Batista, tanto del Buró de Investigaciones como del SIM. Por esta razón tuvo que asilarse en Méjico a principios de 1956; pero desde allí regresó a Cuba clandestinamente para iniciar las labores organizativas de la "Organización Auténtica".

Al fracasar el movimiento de 1957, rápidamente recogió todas las armas que pudo de las que tenían dispuestas, y junto con Eloy Gutiérrez Menoyo, del Directorio Revolucionario, Artola, Darío y Electo Pedrosa, del Movimiento 26 de Julio, escapan hacia la Sierra del Escambray, fundando el Segundo Frente Nacional el día 2 de noviembre de 1957.

Burlando la vigilancia de las tropas del gobierno sale de Cuba para Miami en varias ocasiones, alternando esta difícil misión con la de combatir en las lomas. En diciembre de 1958, en un viaje de regreso a Cuba para el que utilizaban una pequeña embarcación, él y sus compañeros fueron atrapados por una tormenta que los lanzó contra uno de los cayos de la costa Norte de Las Villas, de donde fueron rescatados espectacularmente por aviones de la Marina, que habían salido en su busca. Estaban casi muertos de hambre y en un lamentable estado físico.

Al iniciarse el mando de Fidel Castro, cuando todos confiaban en su palabra y en su buena fe, ignorantes de que ya había entregado la revolución a los comunistas, Plinio Prieto ocupó diversos cargos de confianza. Cuando la amenaza de la invasión trujillista, creyendo en la veracidad de la misma, se trasladó rápidamente a Trinidad y se presentó a Castro, quien de inmediato lo nombró jefe del destacamento de aquella región.

Pero bien pronto comprendió que la revolución había sido traicionada, cuando Fidel se definió como opuesto al encauzamiento del país por los senderos jurídicos, y cerró toda posibilidad a la lucha cívica, con lo que se convertía en dictador. En su carácter de miembro del comité de Dirección Nacional de la Organización Auténtica, fue designado por esa entidad para organizar las fuerzas que se estaban concentrando en el Escambray, para lo cual se trasladó nuevamente a esas montañas a principios de junio de 1960.

Repitiendo sus anteriores hazañas, hizo varios viajes a La Habana, allegando recursos y estableciendo contactos, al mismo tiempo que junto con Sinesio Walsh y otros compañeros, impartían organización y técnica de lucha a los rebeldes. En uno de esos viajes fue delatado por un antiguo compañero y fue detenido en

Cumanayagua, en una celada de la que no sospechó, pero sin que llevara encima arma alguna ni nada que lo comprometiera, pues hasta la Estación de Radio que funcionaba en las faldas del Escambray estaba autorizada por el propio régimen castrista. Pero de esta celada no pudo escapar. Su misión patriótica en la vida estaba cumplida.

El lunes, sigue hablando la señora Ruiz Delgado, me avisaron que Plinio estaba preso. Me puse a investigar y después de ir a Cienfuegos, a Santa Clara, a Topes de Collantes me dijeron que a Plinio se lo habían llevado junto a Sinesio para El Estado Mayor en La Habana, fui para La Habana esa misma noche, allí me informaron que Plinio estaba en el G-2; y efectivamente, en esas trágicas prisiones estaban Sinesio y Plinio. Tras mucho rogar y rogar me recibieron y me dijeron que ellos estaban allí, pero incomunicados y me autorizaron a llevarles ropa; le lleve 2 mudas de ropa, zapatos, cigarros, diez pesos en el bolsillo de una camisa y una maquinilla de afeitar; pero nada de eso le fue entregado.

Designé un abogado de Santa Clara quien pidió garantías al Fiscal Benito Besada, y éste nos pidió $1500.00 en efectivo para dar esas garantías y asegurar que no le pasaría nada al abogado. El abogado que nosotros designamos no pudo ver a Plinio antes del juicio, pues los tenían incomunicados. Sólo lo vio en el acto de la primera y única sesión. Plinio no declaró nada en el juicio, que empezó a las 3 de la tarde. En Santa Clara había una gran tensión popular. Era un espectáculo trágico lo que se veía en las calles. Habían llevado como 130 acusados, los cuales fueron detenidos -muchos de ellos- en sus propias casas, acabados de bañar y de afeitarse. También sacaron de La Cabaña y de El Morro a otros.

Los familiares de todos esos presos, muchos de ellos guajiros faltos de recursos hasta para lo más necesario, deambulaban de un lado para otro, llorando e implorando. En las iglesias del Carmen y del Cristo del Buen Viaje se reunieron mujeres y hombres para orar por ellos, pero el Alcalde sacó camiones de Obras Públicas cargados de gentuza y apedrearon las iglesias, mientras unos cuantos iban a la casa donde yo estaba hospedada y abrieron mis maletas y me tiraron las ropas por dondequiera, preguntando sarcásticamente si yo iba a pasear.

En el parque las autoridades reunieron al pueblo y a través de los micrófonos gritaban "PAREDON y PICADILLO". Querían que los descuartizaran. Yo pude ver a mi hijo por última vez con alguna familia, eran las 11 de la mañana del día 11. Pero antes había estado haciendo gestiones inútiles con esa finalidad. Muchos me decían que los iban a matar, pero otros me inyectaban esperanzas. Al juicio no dejaron entrar a los periodistas americanos, pero sí entraron los rusos y Pardo Llada. Pardo Llada, en una transmisión por radio de ese día, y mucho antes del juicio, anunció que serían condenados a muerte cuatro acusados. Tanto es así que sólo tenían preparado cuatro ataúdes en el lugar de la ejecución. Fui a ver a Cardet, Presidente del Tribunal, pero sólo me recibió una hermana suya, la que llorando, me dijo que Cardet nada podía hacer porque Juan Escalona, ayudante de Raúl Castro, había traído la sentencia ya hecha desde La Habana.

Mi entrevista con Plinio fue terrible. Él me preguntó por su esposa y por sus hijos. Me dijo que en Cumanayagua, cuando lo detuvieron, le quitaron su reloj pulsera y su cadena, y me recomendó las recogiera porque eso pertenecía a sus hijos. Un tipo alto venía cada rato para decir que cortaran la entrevista. Así, fue la última vez que vi a mi hijo Plinio.

Permitieron que un padre de la Iglesia La Pastora los acompañara, Plinio se confesó y los demás lo imitaron. El Padre me dijo que había tenido mucho valor. Nosotros supimos la noche del fusilamiento cuando fuimos al Escuadrón 31, porque en ninguna parte nos daban noticias. Pensamos que nos entregarían los cadáveres, pero no. Los llevaron al cementerio y los metieron en unas fosas abiertas a la entrada del mismo. Les pusieron una tarjeta con los nombres, pero no dejaron entrar a nadie. El cementerio estaba lleno de milicianos y milicianas. Al otro día logramos entrar y arreglar la sepultura de Plinio poniéndole una cruz. El pueblo, sin embargo, trepó por las tapias y cubrió de flores las cinco tumbas. Sobre la de Ramírez había una corona que figuraba una mano en actitud acusadora.

La señora Ruiz no puede contener el llanto, y nosotros respetamos su silencio, Pero reponiéndose, nos pide que hagamos constar que, en su desesperación, acudió a muchas personas, pero que nadie pudo servirla en sus demandas a favor de su hijo porque todos temen al terror y a las represalias del régimen imperante.

Muchos detalles más nos ofreció la madre de Plinio Prieto en su nerviosa y prolija conversación, pero es imposible recogerlos todos en un reportaje, como el que hacemos. Para ella no existe otro tema sobre el cual versar que no sea el martirio de su pobre hijo. La tratan de consolar los que le quedan vivos, pero ellos también están transidos de dolor y son incapaces para contener el llanto, que los unen a los tres en una comunión de amarguras.

Testimonio del Padre Olegario Cifuentes

En la tarde del día doce de octubre de 1960, como a las ocho de la noche, (Plinio) fue llevado con sus cuatro compañeros a la finca "La Campana", en el término de Manicaragua.

El medio utilizado para el transporte de los cinco condenados a muerte fue una de las guaguas locales de Santa Clara.

Los cinco condenados estaban con las manos atadas hacia adelante con hilos fuertes de nylon y escoltados por milicianos y soldados al mando de un capitán, cuyo nombre no recuerdo, pero que era de color, y que personalmente yo conocía por haber él dirigido varias veces pelotones de fusilamiento en el campo de tiro del Cuartel "Leoncio Vidal".

A las 8:30 se presentó en la casa parroquial de La Divina Pastora el capitán José Ferrer Brito, jefe del DIER, quien al abrirle la puerta y saludar, me dijo: "Esos muchachos que van a ser fusilados quieren que vaya usted a asistirlos". Y al preguntarle yo que a que hora tendría lugar el fusilamiento, me dijo: "Ahorita". Como me encontraba de seglar, le dije: "Espere me prepare". Entré, recogí los utensilios sagrados, y salimos a la esquina de las calles Cuba y Síndico, donde una máquina me recogió y me llevó hasta el lugar indicado en compañía del Dr. Pedraza, que habría de actuar como médico forense.

Por haberse demorado bastante la máquina en su llegada al lugar en que había que recogerme, no llegamos a la Finca "La Campana" hasta las 9:45 p.m.

Al llegar a la finca pudimos ver una concentración enorme de milicianos y soldados con fusiles y metralletas, que estaban escuchando unas instrucciones o adoctrinamientos que desde un balcón les dirigía un comandante, cuyo nombre no recuerdo, que tenía una barba muy larga y poblada.

La guagua con los cinco condenados estaba situada en el centro, completamente rodeada de personal armado, de manera que los mismos podían escuchar perfectamente lo que el conferenciante estaba diciendo.

Al llegar nosotros, estaba arengando contra los mercenarios, esbirros, etc., etc., y recuerdo perfectamente estas sus palabras: "Todos serán pasados por las armas como estos cinco desgraciados que van a ser fusilados dentro de unos momentos". Al decir estas palabras, todos los oyentes prorrumpieron en una gritería enorme diciendo: "Paredón, paredón".

A las diez y unos minutos me pasaron a la guagua donde se encontraban los cinco detenidos. Al llegar y saludarles, me presenté de la siguiente manera: "Como yo no los conozco a ustedes, ni ustedes me conocen a mí, tengo que presentarme diciéndoles que soy un sacerdote católico que vengo a cumplir una misión espiritual cerca de ustedes. Yo les ruego me sean sinceros y si hay alguno que pertenezca a otra religión que no sea la católica, me lo diga sinceramente y con plena libertad, para que no tome como una intromisión de mi parte mi acercamiento a él"

Al pronunciar yo estas palabras, Plinio Prieto, que estaba el primero a mi derecha, levantó la cabeza, me miró serenamente y dijo en alta voz, que pudieron oír todos: "Católico convencido y practicante". El silencio que provocaron estas palabras fue absoluto. Entonces le dije: "Eso quiere decir que usted esta dispuesto a recibir todos los Sacramentos de la Iglesia, ¿verdad?" Su contestación fue: "Todos en absoluto". Le insistí de nuevo: "¿Incluso el de la Extremaunción?" Su contestación fue: "Por supuesto". "En este caso", le dije, "¿Me permite que me siente unos momentos a su lado?" "Con mucho gusto", me contestó.

Me senté a su derecha echándole mi brazo izquierdo sobre su

cuello y espalda, bajé las ventanillas de la guagua, pues los milicianos estaban tan cerca que podían oír cualquier palabra. Se confesó serena y tranquilamente, y al impartirle la absolución me puse de pie, tome el Santo Crucifijo en la mano izquierda, causando una gran emoción a todos cuando él con sus manos atadas se lo acercó a los labios para besarlo reiteradamente.

Una vez terminado, me dijo estas palabras: "Padre, procure atender a este muchacho que esta detrás, pues dice que no se ha confesado nunca y está preocupado porque dice que no sabe como se hace. Yo le he dicho que preste atención a las preguntas que usted le haga y que le ayudara en todo". Al dirigirme a los de mi izquierda, que eran Sinesio, Ramírez y Palomino les pregunté: "¿También ustedes me van a permitir que me siente a su lado? ¿Cuál es el problema de ustedes?" A nombre de los demás, me contestó públicamente Palomino: "Mire, Padre, la verdad es que nosotros no hemos sido nunca muy rezadores, pero, eso sí, todos creemos en Dios y no somos comunistas".

Fui atendiendo uno tras otro en la misma forma que al primero. De modo especial, atendí a Rodríguez del Sol en el problema que públicamente manifestó de querer inscribir a sus dos hijitos, para lo que conseguí del capitán le fueran soltadas las manos mientras escribió un documento declarando su última voluntad, y que le fueron atadas nuevamente al terminar.

Pasé con ellos desde las diez y minutos hasta las once y cuarto, que me bajé de la guagua. Al bajar, en los últimos momentos me acerqué a Plinio Prieto para preguntarle si quería algún encargo para sus familiares, y encogiéndose de hombros, con gran serenidad y dominio, me dijo estas palabras que son todo un testamento:

"Si tiene oportunidad de ver a mi señora, a los niños y a mi vieja, dígales que les quiero mucho, que les guardo el último recuerdo y que muero con una fe a plenitud en Dios y en los hombres".

Como esto lo dijo en alta voz, que pudo ser oído por todos, uno de la escolta objetó que en los hombres, en ciertos hombres, no se podía tener fé. A lo que Plinio, con autoridad y una mirada penetrante, contestó: "Pero hay hombres en quienes se puede tener fé, y yo la tengo".Estas fueron sus últimas palabras. Ya no habló más con nadie.

Al bajar, me puse del lado izquierdo, al lado de la ventanita frentea la cual se encontraba, y como iba a poca marcha hasta el lugar de la ejecución a unos cientos de metros, pude ir a su lado hasta que bajaron y fueron colocados frente al pelotón de fusilamiento, integrado por milicianos, los cuales hicieron la descarga con armas automáticas de las llamadas metralletas checas.

Mantuvieron este orden al bajarse: Plinio Prieto, Rodríguez del Sol, Palomino, Sinesio y Ramírez.

Al producirse la descarga, Plinio cayó del lado derecho, Palomino, Sinesio y Rodríguez de espaldas, y Ramírez, el único que cayó hacia delante.

Antes de reconocerles el médico y darles el llamado tiro de gracia, les administré el sacramento de la extremaunción. Luego, al reconocerlos el médico, les solté las manos y retiré la camisa y la camiseta para que el doctor pudiera utilizar el aparato llamado fonendoscopio.

Permanecí al lado de ellos, ya rezándoles un responso, hasta que había marchado todo el personal y se acercaban los del servicio funerario.

El único que llevaba un escapulario de plástico y varias medallas en el bolsillo izquierdo de la camisa era Plinio Prieto, quien de las varias medallas que tenía me había pedido repartiera a los demás, que introduje en sus bolsillos por no tener cadenillas ni cordones.

Esta es la sencilla relación de los hechos que tuvieron lugar en la noche del doce de octubre de 1960, desde las diez y minutos hasta las once y veinte, en que tuvo lugar la ejecución.

Lo que pude oír a algunos milicianos y soldados, parece se quiso realizar este fusilamiento ante la mirada de dos mil milicianos y soldados a fin de hacerles ver la sanción que caería sobre los "traidores".

Firmado:

Participantes en el alzamiento del 23 de agosto de 1960

Porfirio Remberto Ramírez Ruiz
Rodolfo Ramírez
Ramón Ledón Pérez
Rogelio Ledón Perez
Ereido Cruz Rodríguez
Ángel Alfonso Alemán
Víctor M. Hernández Díaz
Adalberto Zamora.
Carlos Marcelo Rivero
Pablo Orlando Ruiz López
Fulgencio Hernández Rangel
Marino González Chávez
Abel González Chávez
Tomas Ruiz López
José Isabel Pedraza
Ramón Simón
Adalberto Sánchez Zamora
Fernando Sánchez Zamora,
Gilberto Roche Vega,
Isidro Gómez Alba
Yuri Gómez Alba
Cipriano Rodríguez
Ramón Gálvez.
Aurelio Clemente González Bolaños

Gumersindo
Orlando Quintero
Jesús Quintero
Alfredo Pérez Cárdenas
Arcelio Puga
Aniceto Gómez Alba
Orlando Cárdenas
Tito Lampeira

www.ingramcontent.com/pod-product-compliance
Lightning Source LLC
Chambersburg PA
CBHW070358290526
45790CB00004B/1546